May 12, 1987

For Professor Sanford E. Marovitz

In memory of the
pleasure after the pleasure
party in Tokyo.

Toshio Yagi

『白鯨』解体

八木敏雄

研究社出版

To
Leon Howard
(1902–1982)
who initiated me
into American literature

目次

語源——iii／抜粋——v
1 『白鯨』モザイク——1
2 鯨学——21
3 「出会い(ガム)」——45
4 劇——67
5 幕間——103
6 語り手——119
7 物語——135
あとがき——155／索引——巻末

語源

くじら(くぢら)　(1)クシシラ(大獣)の約。クは大を意味する古韓語、シシは獣、ラは接尾語[日本古語大辞典＝松岡静雄]。(2)クロシラ(黒白)の約。皮が黒く、内側の白いことから[和句解・日本釈名・東雅]。(3)クシラ(奇)の義[たべもの語源抄＝坂部甲次郎]。(4)コジル義。捕えても簡単におとなしくならないことから[名言通]。(5)クジラ(穿鑿)の義。浮上して舟を穿つことから[桑家漢語抄]。(6)ハクヒロ(百尋)の略転[言元梯]。(7)口が大きいので、クチビロ(口広)の約転か[大言海]。

いさな　(「な」は魚のことで、「いさ(鯨)」という魚の意)「くじら(鯨)」の異名。(1)イサナ(勇魚)の義[万葉代匠記・東雅・万葉集類林・和訓栞・国語の語根とその分類＝大島正健・日本語源＝賀茂百樹]。(2)イソナ(磯魚)の転[言元梯・日本古語大辞典＝松岡静雄・大言海]。(3)イは発語。サナはソソナ(潜魚)の転[俗語考]。(4)イサナ(五十尺魚)の義[言元梯・たべもの語源抄＝坂部甲次郎]。(5)イサナ(不知魚)の義。水中の計り知れぬ所にいるから[槻の落葉信濃漫録]。(6)イは発語。サナドリはスナドリの転[野乃舎随筆]。

Humbe フムベ　クヂラ, n. A whale. Hum (フム, 音, n. A sound)＋pe (ペ, 物, n.

An article, a thing. Syn. ambe)=Hum-pe → Humbe. (神学博士ヂヨン・バチエラー『アイヌ・英・和・辞典』; *An Ainu-English-Japanese Dictionary* by Dr. John Batchelor, Sapporo, Hokkaido, Japan, 1926)

鯨　(上) *g'ĭang*^{1} (中) *g'ĭang*^{1} (近) *k'ĭəng*^{2} *(現) *tśĭəng*^{1} 形声。魚＋京声。京は、高い岡の意。おかのように大きい魚、くじらの意。(諸橋轍次他『広漢和辞典』大修館、一九八二)

*鯨 jīng (『新華字典』商務印書館、一九八二年、北京)

抜粋（ハーマン・メルヴィルの著作から）

本書に誌されたようなことがあってからすでに三年の月日がたつ。その間、ここ数ヵ月を除いて、筆者は主として大海の波浪にもまれてすごした。いまどき胸おどらせる冒険が味わえる人種といえば、船乗りぐらいのものである。炉辺にくつろぐ人には物珍しくロマンチックに思えることも、船乗りには肘の抜けた上衣のように陳腐にうつることだろう。とはいえ、船乗りならどんなに物珍しい冒険にも慣れているはずなのに、以下本書に誌されたような出来事を、「物語に紡ぐ」("spun as a yarn") と、海上で夜番につく多くの者たちの無聊をなぐさめたばかりか、筆者と同船した仲間たちの熱烈な共感をかちえたものである。

——『タイピー』（はしがき）

わたしがこの島に滞在中、なんらかの宗教的儀式なり祭典なりを目撃しなかった日はほとんどなかった。それはまるで一団の「フリーメーソン」たちが互いに秘密の合図（サイン）をかわしているのを見るようだった。わたしはすべてを見たが、なにひとつ理解できなかった (I saw everything, but could comprehend nothing.)。——『タイピー』（二四）

海上で、船乗りたちは「目張り（バーセリング）」とか「補強（サーヴィング）」とか、その他なにやかにやの仕方で、数知れぬ横静索（シュラウド）や支索（ステイ）を飾ったり繕ったりする仕事に間断なく従事させられる。それに

帆の修理もあるし、甲板の片側をロープ作りの作業場にし、そこで紡ぎ糸（*spun-yarn*）と呼ばれる撚り糸を製造することもある。……素材には「ジャンク」（*junk*）と呼ばれる索具のくずが用いられるが、たいていの本がそうやって製造されるように（something as most books are manufactured）、その亜麻糸をばらばらにほぐし、また新たにより合わせるのである。

――『レッドバーン』（二一四）

「おまえはまだいくつ理論を持っているのか？……おまえは首尾一貫していない」
「王よ、まさしくその理由によって、私は首尾一貫していなくはないのです。と申しますのは、私の非一貫性の総和こそが私の一貫性だからです。それに自己に対して一貫して忠実であることは、マーディにおきましては、しばしば一貫していないことになるのでございます。通例の一貫性は不変性を意味します。しかし、この世における英知の多くは変遷の過程にあるものでございます。」

――『マーディ』（一四三）

アブラザ　……ところでババランジャ、『コズタンザ』（Koztanza [= Co-stanza]）はまとまりに欠けている。あれは奔放で、脈絡がなく、エピソードばかりじゃよ。
ババランジャ　マーディ世界そのものがそうなのでございます――あるのはエピソードばかりです。谷に山、平野から逸脱する（digressing）川、はびこる蔓草、石にダイアモンド、花にアザミ、森に藪、そしてところどころに湿地や沼地。だからこそ『コズタンザ』の世界もそうなのでございます。

――『マーディ』（一八〇）

アブラザ　すると、天才とは霊感によるのではないというのか……

ババランジャ　王よ、すべての人間は霊感を得るのです。阿呆も霊感を受け、王よ、あなたも霊感をお受けになります。なんとなれば、あらゆる観念の根元は流入してくるものだからでございます。おのずと、われわれ自体の内に発するものなど、何ひとつないからです。ロンバルドーが作品にとりかかるとき、それがどうなるかを知りませんでした。彼は計画をたてて自分をそれに組み入れるようなことをせず、どんどん書いていきました。そして書くうちに、自己の内部に、深く、深く潜行していったのです。そして意を決した旅人のように、行く手を阻む森をつきすすみ、ついにその労苦が報いられるのでした……「されば、私は創造的なものを創造した」("I have created the creative")とロンバルドーは叫びました。

——『マーディ』(一八〇)

然り、当時ピエールはきわめて非建築学的であったばかりか、きわめて年若かった。貴金属を鉱山から掘り出すためには、まず不用な土を苦労して掘り出し、投げ棄てねばならぬように、才能のみごとな金脈を魂に掘り当てるためには、まず大量の退屈で凡庸なるものを白日の下にさらす必要がある。人間の内部にそのようながらくたを貯蔵しておく容器でもあれば便利なのだが、人間は自分の家の地下室にゴミを貯めておくわけにはいかない建物の住人みたいなもので、ゴミは自分の家の戸口に置いて、公共の清掃職人に処理してもらうよりほかはない。凡庸なものを効果的に処分するには、本のなかに自己をまるごと注ぎこむより手はない。いったん本に封じこめてしまえば、その本は火にくべて燃やしてしまうこともでき、そうなれば万事片がつく。ところが本はかならずしも火にくべられるとはかぎらない。だからこそ、すぐれた書物よりくだらない書物のほうがこの世では絶対多数を占めることになる。また、どんなに誠実な作家にしても、

自分のがらくたといつ完全に縁が切れ、自分の精神の金脈にいつ到達するかを正確に言い当てられる者はいなかろう。ただ、いかなる場合にも正しいことは、人間は賢明であればあるほど、ある点においては、いっそう確信がもてないということである。

――『ピエール』（一八）

きわめて年若くして一挙に文学的成功を収めた二流の作家について、まず例外なしに見られることは、そのような一夜の成功は、主としてその人物の豊かで特異な経験に負うものであり、その特異な経験が本に具現化されたせいであるということである。そういうわけで、その本は独創的なものを含んでおり、だから作者までが独創的だということになってしまう。かくして、多くの独創的な書物はきわめて非独創的な精神の産物なのである……世界はつねに独創性に充満しているが、世界が意図したような意味で独創的な人物が存在したためしはなかった。最初の人間アダムでさえも――アダムはユダヤ教の権威者（ラビ）たちによれば最初の作家でもあったそうだが――独創的ではなかった。神だけが唯一の独創的な作家である……もしミルトンの境涯が森の自然児キャスパー・ハウザーのものだったとしたら、同じうつろな魂に終わっていたろう。人間の裸の魂はたしかに知的生産性の要素を潜在的に宿している。しかし片親から生まれた子供などあったためしはない。可視的な経験の世界は美神（ミューズ）を孕まさせる、かの生殖力なのだ。自己充足的な雌雄同体（ハーマフロダイト）などはただの神話にすぎない。

――同　上

ピエールが知らなかったことは、創造的精神にとって基準といったものがないことだった。いかなる偉大な一冊の本も他の多数の本との関係を無視して眺められてはならず、

またその独自性に創造的精神の支配を許してはならず、現存するすべての偉大な作品を綜合的に想像力のなかに取りこみ、それを多様で汎神論的な全体として見なければならないことをピエールは知らなかったのだ。

――『ピエール』（二一）

幾時間かが過ぎた。ひとつピエールの肩越しにのぞきこんで、彼が世にも陰気な密室で、何を書いているか見てやろうではないか。ほら、ここに、彼の傍らの煙にいぶった山積みの原稿のいちばん上にあるのが、いま彼が書いたばかりの原稿だ。熱っぽいインキがまだ乾いていない。そのほうがわれわれの目的にかなっている。というのは、どうやら彼自身でもあるらしい作家（オーサー）＝主人公（ヒーロー）ヴィヴィアに感情を吹きこむために、この部分で、彼は自分自身の体験から直接に剽窃した（plagiarized from his own experiences）らしいからである。

――『ピエール』（二二）

彼［商人］は一貫性に欠けているように思われるかもしれないし、まさにそのとおりだ。だが、そのために作者は咎められるべきだろうか？　なるほどフィクションの作者は人物を描写するにあたって一貫性を保つように細心の注意を払うべきであり、賢明な読者もまた、そこに抜かりなく目をつけているべきである。ところで、かかる見解は一見したところ、まことに筋がとおっているようにみえるが、そうでもないのである。というのは、そういう要請と――おそらく同様に強調されているものであろうが――あらゆるフィクションはなにがしかの遊びが許されてはいるが、事実にもとづくフィクションは事実と矛盾してはならぬ、という要請とはどう折り合いをつければよいのか？　実人生において首尾一貫した人物が稀有なる存在であることは事実ではないか？……それぞれ

の作中人物が、一貫性のゆえに、一瞥のもとに理解しうるていのフィクションは、その人物の一端しか示していないのに、それが全体であるかに見せかけているか、それとも現実に対してきわめて不忠実であるか、そのいずれかである。ところで作家の描く人物が、普通の人の眼にムササビのように部分的に矛盾しているように見えようと、あるいは時期的に、毛虫と、それから変態した蝶とがどんなに似ていなくても、作者はそのように描くことによって、事実に不忠実なのではなく、事実に忠実なのである。

——『詐欺師』(一四)

フィクションの読者は、現実以上の楽しみを求めているばかりか、心の底では、実人生そのものが示すことができる以上の現実を求めているのである。かくして彼らは物珍しさ (novelty) を求めていながら、自然らしさ (nature) をも求めているのである。だが、自然らしさといっても、奔放な、高揚した、要するに変容した自然らしさのことである。……フィクションは宗教の場合と同様に、別世界を呈示すべきであるが、それはなおわれわれが結びつきを感じうるていの別世界でなければならない。

——『詐欺師』(三三)

純粋フィクションでなら達成できる均整のとれた形式は、根本的に嘘 (fable) より事実 (fact) にかかわりの多い物語では、そう簡単に達成されない。妥協することなく真実を語ればごつごつしてくるのは避けがたい。だから、この種の物語の結びの部分は建築物の頂華 (finial) のように仕上げがうまくいきかねるのである。

——『ビリー・バッド』(二八)

1

『白鯨』モザイク

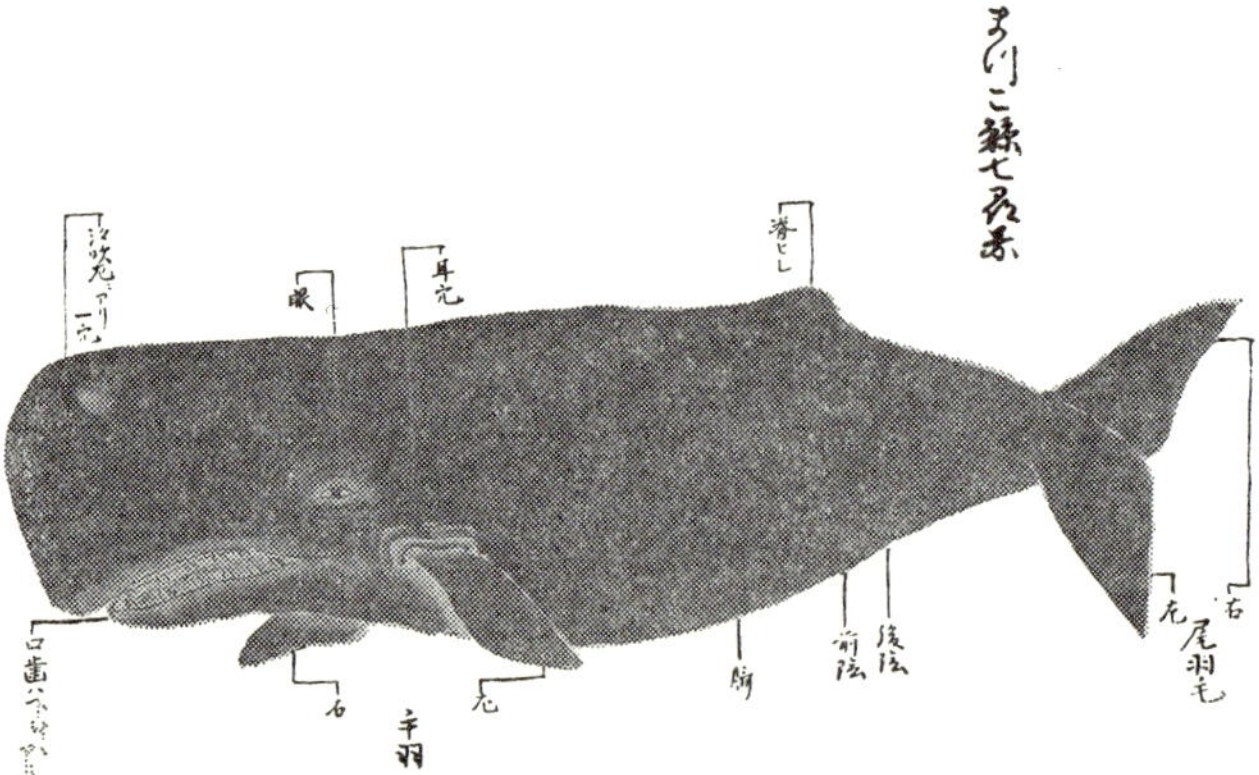

マッコウ鯨

「鯨をまるごと捕えなければ、〈真理〉における田舎者にして、感傷主義者にすぎぬ」（『白鯨』七六章――以下数字のみ）とはハーマン・メルヴィルみずからの御託宣である。そうならまず、『白鯨』をまるごと、全体として、巨視的に捕えてみようではないか。そのさいメルヴィル自身が「鯨学」（三二）で採用した方法が参考になるかもしれない。彼は「鯨をその大きさによって巻（ブック）に分かち、（さらに章（チャプター）に分ける）」方針をたてるが、われわれは『白鯨』をテキストの質の差によって巻に分かち、章に分ける方法を採りたい。とはいえ『白鯨』はすでに章に分かれているので、われわれの実際の仕事は、まず章をテキストの質によってグループに分類して巻（ブック）にまとめあげることである。ところで、さて何巻に分けるか、分けられるか。ちなみに「鯨学」では、鯨は本のアナロジーによって二折判（フォリオ）、八折判（オクテヴォ）、十二折版（デュオデシモ）の三巻に分けられている。

『白鯨』がいくつかの巻に分かれている、あるいは分けようと思えばそうできることは、その出

版当初からつとに気づかれていた。アメリカ版『モービィ・ディック、または鯨』が出版されたのは一八五一年十一月十日前後であるが、同年十一月二十二日号のニューヨーク『文学世界（リテラリ・ワールド）』誌にはエヴァート・A・ダイキンクの「知的ごった煮（インテレクチュアル・チャウダー）」と題する書評が掲載され、それには「『モービィ・ディック』は三つとはいわぬまでも、すくなくとも二つの本（ブック）が一つになったものである」という指摘がある。評者によれば、その「第一の本（ブック）」は「巨大なマッコウ鯨」にまつわる冒険譚で、その記述・描写は正確にして諧謔と奇想にとみ、その出来事は「つねに珍しく（ピクチュアレスク）、ときに壮麗（サブライム）」である。「第二の本はエイハブ船長、クィークェグ、タシュテゴ、ピップ一座のロマンス」。「第三の本」は一種のエッセイで、まともな思索や詩情にまったく欠けているわけではないが、途方もない妄想や空理・空論がめだつ。そして「この本の評価が困難な理由は……そういう多重性にある」とはダイキンクの評定である。また英国の評者も「『鯨』はまことに特異な作品である……いかなるカテゴリーに分類すればよいのか途方にくれる。小説でもロマンスでもないことはたしかだ……ひとりの女主人公（ヒロイン）もいなければ濡れ場（ラヴ・シーン）ひとつない小説やロマンスなど聞いたことがあるだろうか」（『ブリタニア』誌、十一月八日号）と戸惑ってみせる。が、忘れないでおきたい——当時の評価そのものが問題なのではない。『白鯨』がまだ世に出たばかりでいささかもその鮮度が落ちていない時期に、まずその複数性、重層性、ジャンルとしての不純性が指摘されたことが重要なのである。多くの批評や研究に毒されていない新鮮な眼が見てとったもの、それはつねに珍重に価する。

　ところで、その後『白鯨』がたどった数奇な運命については周知のとおりだ。これにつづく『ピ

エール』出版(一八五二)によってほぼその作家生命をたたれたメルヴィルとともに『白鯨』もまた忘却の淵に沈み、一八九一年九月、新聞がこの作家の死を報じたとき、大方の読者は「『タイピー』の作者」がまだそれまで生きていたことにむしろ驚いたほどだという。が、その生誕百年にあたる一九一九年にメルヴィル再評価がきざしたとき、彼は今度は主として「『白鯨』の作者」として復活したのである。以来、アメリカ文学のなかでこの作品ほど詳細綿密な研究対象になってきたものはあまりあるまい。にもかかわらず、一九一九年から一九三九年までのあいだ、『白鯨』は一八五〇年二月から一八五一年初秋にかけて一気に書きあげられたものとされていた。ところがその後、ことに一九四〇年以降、『白鯨』が今日あるがままの順序で書かれたわけではないらしいこと、その創作過程に大幅な予定変更があったらしいことがテキスト内・外の証拠から判明し、その文章が実際に書かれた順序や時期、またその改訂の程度を特定しようとするこころみがレオン・ハワード、チャールズ・オルソン、ハワード・P・ヴィンセント、ジョージ・R・スチュアート、ジェームズ・バーバー、ハリソン・ヘイフォードなどの学者や批評家によってなされることになった。

ハワードは、一九三九年、当時入手可能なわずかばかりの証拠から、現今の『白鯨』は一八五〇年八月の段階でいったん「ほぼ完成した」(エヴァート・ダイキンクからジョージ・ダイキンク宛、五〇・八・七)原稿に大幅な改訂を加えてできあがったものとする仮説を発表し、それはのちほど新たに発見された手紙などによって裏づけられることになったが、この問題は一九五一年に出版されたその正確無比な伝記『ハーマン・メルヴィル』(カリフォルニア大学出版)で再度論じられることになる。

が、この重厚な人間主義的学者ハワードの主たる関心はメルヴィルの知的成長にあった。

オルソンはその『わが名はイシュメール』(一九四七)で、「『白鯨』は一八五〇年二月から一八五一年八月までのあいだに書かれた二つの本からなる。第一の本にはエイハブはいなかった。モービィ・ディックも、たぶん、端役としてしか存在しなかったろう」と述べている。オルソンは詩的直観で語っていたようである。

ヴィンセントは、その『「白鯨」絞り』(南イリノイ大学出版、一九四九)で、メルヴィルが『白鯨』大改訂に着手した時期を一八五一年春にずらす仮説を提示している。ピークォド号沈没の典拠とされるオーエン・チェイスの実録『太平洋上で巨大なマッコウ鯨に襲われ、ついに沈没したナンタケットの捕鯨船エセックス号のまことに異常で悲惨な物語』(一八二一)をメルヴィルが入手したのがその年の春だったことが、その根拠である。ヴィンセントの関心は『白鯨』に捕鯨関係資料がいかに利用されているかを検証することにあった。

ところで以上の論者は、それぞれの問題意識や関心の所在に応じて副次的に『白鯨』の創作過程について推理したり仮説をたてたりしているわけだが、いわばこの作品の「生成構想論」にだけ的を絞り、自説を核に、それまでの諸説を総括して「二つの『白鯨』」(『アメリカ文学』22巻、一九五四)にまとめたのがスチュアートである。スチュアートによれば、今日の『白鯨』の一章から一五章まではほぼ原(ウル)『白鯨』そのまま、一六章から二二章まではかなり改訂されたつなぎの章、そして二三章から「エピローグ」までが新たな構想によって全面的に書きなおされた『白鯨』ということで、

つまりこの小説は二巻本ということになる。

それから二十年後の一九七五年に、いわば「三つの『白鯨』」説をひっさげて登場したのがバーバーである。その「『白鯨』のコンポジション」(『アメリカ文学』47巻)によれば、一八五〇年から同年八月までに書かれて「ほぼ完成した」分が第一巻、同年八月から翌五一年初頭にかけて書かれた「鯨学」の諸章が第二巻、そして同年初頭から秋にかけてシェイクスピアとホーソーンの影響下に書きなおされた部分が第三巻ということになる。つまり『白鯨』は三巻本というわけだ。

『白鯨』をして今日の『白鯨』たらしめているのは、しかしながら、それが共時的に今日みられるような章の配置また異質のテキストが形成する関係になっているからだろうゆえ、メルヴィルがこの小説をいつ、どんな順序で書いたかについて推測したり詮策したりしたところで、それはついに検証不能な仮説づくりにすぎぬばかりか、共時態としてのテキストを通時的に分析しようというこころみにほかならず、かつまた元来が次元を異にする通時と共時を混同する営為であって、テキストの読みにとっては有害無益である——そういう批判もあるだろう。だが、はたしてそう簡単なことか。なるほど『白鯨』のような古典的テキストは、現時点においてほぼ変更不能な関係の織物であるという意味で、共時的な静的体系である。そしてメルヴィルがこの作品を実際に書き、テキストに織りあげていった作業は、つまるところ関係づくりであり、体系への組みこみ作業であって、それはなるほど時間の軸にそってなされた通時的な営為である。しかし共時態といい通時態といっても、互いの存在があってはじめて存在するところのコインの両面のようなあるものである。

それは関係と関係づくり、ラングとパロール、テキストと織りこみについてもいえることだ。コトバとはラングであると同時にパロールであるように、『白鯨』のテキストは構造であると同時に歴史である。そうなら、その両方を見ない手はなかろう。が、無自覚に、であってはなるまい。共時的視点から見ることによって、あるいは逆に通時的な視点から見ることによって、何かがよりよく見えるようになることはたしかであり、だからこその視点の堅持であり、カテゴリー混同の禁止なのだが、そういう禁欲によって何かが隠蔽されることもまた事実なのである。このようなことのすべてについて、また『白鯨』の秘められた構造について、眼から鱗が落ちるように気づかせてくれるのがハリソン・ヘイフォードの最近の力業「無用な重複（デュープリケイト）」（フェイス・プリン編『メルヴィルの新しいパースペクティヴ』、エディンバラ大学出版、一九七八）である。

　ヘイフォードはまず『白鯨』にあまた見つかる、しかしそのつもりにならなければ見つからないところの「不必要な重複」に注目する。たとえば第一章だけでは物語は進行せず、語り手イシュメールが「手さげかばんにシャツを一、二枚つめて」ようやくニューベッドフォードに向けて旅立つのは第二章においてである（二つの序章）。ところが語り手はこの港からではなく、第二の港ナンタケットから船出するつもりであることが判明する（二つの港）。そうだのにイシュメールはニューベッドフォードに一泊でなく二泊することになり、その宿屋さがしに二章がついやされ、ようやく「汐吹亭」に落着くことになる。が、そこでも寝場所が二つあり、一つは冷たいベンチの上、それにもう一つはクィークェグと同衾する温かいベッド。「愛を契った」イシュメールとクィークェグ

の二人がナンタケットに渡って投宿するのが「汐吹亭」の主人の従弟(いとこ)が経営する宿屋(二つの宿屋)。これから海の世界に乗り出そうとしている若者に予備知識として、あるいはイニシエイションとして、さまざまな体験をさせる趣向自体は小説の仕組として理にかなっているけれども、なぜ二度づつなのか、というのがヘイフォードの疑問なのである。

同じことが登場人物についてもいえる。イシュメールの仲間として、第一にバルキントンが、つづいてクイークェグが、しかも同じ第三章で登場する。バルキントンは「私はこの男に興味をひかれたし、まもなく海神たちの命ずるところによって彼と私とは仲間(シップメイト)(この物語に関するかぎり、影のパートナーというわけだったが)になる定めだったので、ここで少しばかり彼のことを書いておきたい」と紹介されながら、いつのまにかこの章からずらかり、イシュメールは彼を「船のうえで相棒(カマラド)になるまで逢わなかった」ということになる。しかし船で実際に語り手の相棒(カマラド)になるのはクイークェグであって、バルキントンが二三章で再登場するのは、これを最後に完全にこの作品から姿を消すためである(引用の括弧のなかの文句はメルヴィルがあとから挿入したものだろう)。

この二人やピークォド号の二人のクェーカー教徒の船長ビルダットとピーレグ、それにピーレグとエイハブなどもヘイフォードは「無用な重複」とみなす。つまり、そのような「重複」があるのは複数のテキストがあった結果ないし痕跡とみなし、陸上の冒険を書くのに三段階があったと想定するのである。それをバルキントンとクィークェグを指標にすれば、第一段階にはバルキントンもクィークェグも存在せず、第二段階ではバルキントンだけが登場し、第三段階ではクィークェグが

登場し、バルキントンは退場する――という筋書きになる。これは第三章だけをつぶさに検討することによってもたてうる仮説であるが、もっと広く陸上の部全体にも当てはめ、たとえばクィークェグが存在しない第二段階はいかなる物語であったかを、いわば負（マイナス）の想像力を働かせて再建（あるいはディコンストラクト？）することも可能である。具体的にはどうするのか。現今のテキストからクィークェグが関与する部分をことごとく括弧に入れて削除することである。そうヘイフォードは提案する。すると、あな不思議、たしかに物語は痩せ細ってしまうけれども、そのかわりほとんどの「重複」はきれいさっぱり消えてしまう――二人の相棒（カマラド）（バルキントンとクィークェグ）も、二つの宿も、二つの上船契約の場（一六、一七）も。さてそのうえで今度は正（プラス）の想像力を働かせ、第三段階でメルヴィルがバルキントンをイシュメールの相棒と真理の探求者という二重の役目から解任し、前者をクィークェグに、後者をエイハブに当てがったと考えるのである。かくしてバルキントンはお役御免になるわけだが、ヘイフォードによれば、クィークェグはすでに書かれていた海上冒険譚の銛手の一人から昇格したのであり、エイハブはピーレグの改造人間ということになる。ところで物語の海上の部すなわち後半があとにではなくさきに書かれたとするところに、ヘイフォードの仮説の斬新性がある。物語の導入部で語り手であると同時に具体的な生身の人間として登場してくるイシュメールがピークォド号の船出の前後から次第に単なる「声」や「眼」に、そしてクィークェグがただの銛手の一人になっていくこと――つまり『白鯨』の陸上の部と海上の部とのあいだに小説の語りと視点に変化と移動があること、それがこの小説について誰もが感じるいちばん奇異

な点であろうが、この仮説はそういう小説的事態をかなりよく説明する。人は「愛を契った」「心の友」がなんの説明もなく疎遠になっていくのをいぶかる。しかし同じ釜の飯を食べ、ともに仕事をする者が次第に親密になるのはあやしまない。むしろそれを自然と感じる。『白鯨』も逆に、つまりあとからさきに読んでみれば、一種の自然さが生ずるというわけだ。が、そういう仮説にのっとり、そのつもりになって読んでみると、そういうことを意識しなかったときには気づかなかった小説としての粗が、テキストの亀裂が、あちこちに見えてくるところが面白い。たとえばクィークエグが死期を悟って棺桶にひきこもって死ぬ準備をするけれども、陸地でしのこした仕事を思いだして死ぬのをやめるエピソードを扱う一一〇章。その記述はクィークエグの死を悲しんでしかるべき生身のイシュメールの語りというより、むしろ距離をおいた客観的な第三者の語りで、それかあらぬか、「哀れな蛮人」(「無二の親友」というべきところか)が棺桶を作ってくれと依頼するのもイシュメールにではなく無名の誰かにであり、末期の願いとして偶像ヨージョを枕許に持ってきてくれるように頼むのもイシュメールにではない。第一〇章「心の友」で「ゆくすえひさしく結婚したのだ」と語りあった二人の関係としてはあまりにも水くさい。が、海上の諸章でイシュメールとクィークエグの仲が疎遠になっていくようにみえるのは、メルヴィルが、海上の部を書くまえにではなく、それを書いたあとで陸上での二人の友情関係をあまりにも濃密に書いてしまったからであり、むろんメルヴィルはまたそのあとで海上の部にもいろいろ手を加えはしたが、それでもいろいろ前後での矛盾が残ってしまったのは「時間、体力、現金、忍耐」(三二)がメルヴィルに不足した

せいだろう、というのがヘイフォードの忖度である。まことに細心・周到・精緻なテキストの読みによって構想された『白鯨』創作過程についての仮説が捻出する結論の、なんと陳腐で人間くさいことか。同様に、メルヴィルがいったんバルキントンの退場を決定しておきながら、その痕跡をテキストから完全に抹消しておかなかったばかりか、墓碑銘ともいうべき章(二三)をわざわざもうけてこの「半神」を手厚く葬っている。これをヘイフォードは作家の未練のせいにしているが、それよりもっとこちたい理由のほうが真相に近いとはかぎるまい。メルヴィルは同業の先輩作家ホーソーン宛の一八五一年六月の手紙に次のようなことを書くような作家でもあった――「現代の本は本質的に短命なものです。そんなに念入りに仕上げたところで何になるでしょうか」と。幸か不幸か『白鯨』は「短命」ではなかったが、仕上げの美しい、滑らかな表面の「ギリシャの壺」のような作品ではない。その表面には細かいひびが無数にあり、大きな亀裂もいく本か走っている。比喩は落とすが、メルヴィルは書きながら書くこと自体や書く過程を、あるいは明らさまに、あるいは偽装して、あるいは隠喩として書きこまずにはおれない書き手だったのだ。ヘイフォードは『白鯨』創作の隠喩を『白鯨』の次のくだりにも見いだし、それを引用してその論文をしめくくる。いかに多くのことがまだ発見されずに『白鯨』のテキストに秘められているかを肝に銘ずるためにも、それをここに引き写しておきたい。ピークォド号の船大工がクィークェグのために作ってやった棺桶を救命ブイに改造するようスターバックに命じられ、さような仕立て直しのような半端仕事をしなければならぬわが身をかこって独白するくだりである。

「……こっちは苦労してあの棺桶をつくってやったのに、使いみちがないだと？　そして今度は、これで救命ブイをこしらえろ、ときたもんだ。これは古着を裏返して、内側を表に出すようなもんだ。わしは、こんなつぎはぎ屋みたいな仕事は好かん——大きらいじゃ。品がないわい。わしの手がけるような仕事じゃない。直し仕事は直し屋にさせるがいい。わしはもうすこしましな職人だ。わしが手がけたい仕事というのは、無疵の生娘みたいな、きちんと算段どおりにいくような仕事だ。ちゃんと始まるところから始まり、中ほどには中途で、終わるところでは終わりになるような仕事だ。つぎはぎ屋の仕事はそうはいかん。中途で終わりになったり、最後のところから始まったりする……」(一二六)

なるほどそのつもりになれば、この船大工のつぶやきは作家メルヴィルの偽装された告白とも聞えてくる。そして、そのつぎはぎ作業の結果が異質なテキストの集合としての『白鯨』ということになる。そうすると『白鯨』出版当時の現場批評家ダイキンクの直観的腑分けはなかなか当を得ているといわねばなるまい。ダイキンクは『白鯨』を「物語」の部、「劇形式」の部、「鯨学」の部に三分しているのだから。そこで私もこの三分法をほぼ踏襲し、しかしながら「出会い」の章をつけ加えて四分法にして『白鯨』をまるごと捕える方策としたい。

ところで「物語」とは、これまで受け入れられてきた小説のルールにほぼしたがって、イシュメールなる語り手が第一人称の語り手として、その分限をあまり極端に逸脱しない枠内で語る部分を

指すことにしたい。語り手の分限とは、語り手が「私」として物理的に知りうることしか知ることができない、ということに尽きるが、「ほぼ」とか「あまり極端に」とか保留をつけたのは、あまりお固いことを言っていると『白鯨』から「物語」があまりなくなってしまうという不正確な結論に達してしまうからである。厳密に言うなら(それでもやはり譲歩文句を用いさせていただくが)、語り手が一人称の分限をどうやら守っているのは、百三十五章プラス「エピローグ」からなる全作品のうち、ピークォド号が「運命のごとく盲目に大西洋に船出する」第二二章ぐらいまでのことだからである。それから先では、語り手はしだいに乗組員たちのあいだに姿を消す傾向にあり、他人の意識のなかにもぐりこんだり(「スターバックは思った」〔一二三〕)、見るべからざるものを見、聞くべからざるものを聞き(「スタッブは独白した」〔三〇〕、「エイハブはつぶやいた」〔七〇〕)、また哲学的議論をはじめたり、鯨学に蘊蓄を傾けたり、瞑想にふけったり(四二、四九)、かと思うと一介の水夫としての分限を忘れているわけでもなく、マット作り(四七)や鯨脳絞り(九四)などの日常業務に精を出したり、鯨の捕獲や解体作業に積極的に参加したりもする。だがまた、いつしか、いわば純粋な「眼」になり「声」になって、モービィ・ディックを追跡する最後の三章などでは語り手がどのボートに乗っているかわからないのに、どのボートのこともわかる——という仕儀になる。しかしこの小説に物語がないとは誰にも言えない。こころみに『白鯨』をなるたけ手短に要約しようとしてみるがよい。二二章までのところはたいがい省略して、モービィ・ディックなる白い鯨に片脚を嚙み切られたエイハブなる船長が、復讐の怨念を燃やし、ついに白鯨に遭遇、壮絶な

格闘を演じ、鯨の逆襲にあい、船もろとも海の藻屑と消える——という粗筋のヴァリエイションしか出てこまい。いや、メルヴィル自身に要約させてもよい——「この白髪の老人は憎しみに燃え、ヨブの鯨を追って世界をめぐるのであり、これに従う乗組の一団はまた、雑多な背信者、放浪者、喰人種などであった……」とは四一章「モービィ・ディック」の一節である。そしてこの「物語」が本当にはじまるのは、むしろ一人称の小説のルールから逸脱しはじめる第二二章以降においてである。小説に絶対的な掟などなく、もし小説に掟や伝統があるとすれば、掟から逸脱する掟、伝統に反逆する伝統があるだけだろう。小説の訃報を耳にして、すでに久しいけれども、小説はいつでもどっこい生きている——『白鯨』はそういう不死身の小説の生きた証拠でもある。

それゆえ、『白鯨』を章を最小の単位として大づかみにするためには、あまりこまかいことに目鯨たてるのはやめにして——「鯨を妥当に計測しようとするなら、インチなどという端数が入りこむ余地はない」(一〇二)とイシュメールも言う——航行、捕鯨、解体、白鯨追跡などの行動を語る諸章は、視点人物の正確な所在などは不問に付して、物語の章に分類することにする。前檣の水夫たるイシュメールが船長室に入っていける可能性はまずないけれども、またそれゆえに、船長室で船長だけが独白したり、他の第三者と対話や対決している場合は別にして、たとえば「海図」(四四)の章のように、「もしだれかがエイハブ船長のあとについてその船室に入っていったとすれば……」という書き出しではじまる仮説的語り手による船長室内の描写がある章も、そういう断り書きがあることに免じて、物語の章であることにする。あの高名な「鯨の白さ」(四二)や「われわれ

が人生と呼ぶところの、この珍妙な雑事においては、時として人は宇宙全体を一つの大きな冗談だと観ずる奇妙な時期だとか局面があるものだ……」と始まる「ハイエナ」(四九)のような章も、要するにそれらが語り手自身の白鯨なり人生なりに対する見解であり、かつ物語の進行に内的動因を与えているという意味で、やはり物語の章とみなす。このような基準で腑分けしていくと、これからその基準を示す「劇形式」と「鯨学」の章を除いて、『白鯨』全体で「物語」の章はほぼその半数を占めることになる。

劇形式の章――ト書があって独白だけからなる章、また純粋に脚本形式になっている章は問題なく「劇」(D)の章に分類する。たとえば三七章「落日(船長室。船尾の窓辺。エイハブひとり坐り、外を眺める)」というエイハブ独白の章、三八章「黄昏(たそがれ)(大檣のほとり。スターバックよりかかる)」というスターバック独白の章、三九章「夜直はじめ(スタッブ独白、転桁索(ブレース)を撚りなおしながら)」や、四〇章「深夜、船首楼――銛手と甲板員(前檣帆(フォクスル)があがると、いきなり当直たちが見える。立つ者、ぶらつく者、もたれている者、寝ている者、いろんな姿勢。みんなが合唱)」という完全な脚本仕立ての章、またスタッブとエイハブ(一二〇)、スタッブとフラスク(一二一)などの対話だけからなる章は劇の章とみなし、これが『白鯨』には全部で十一章ある。

微妙なのは、私が「準劇形式」(d)に分類しようとしている章である。たとえば高名な「後甲板」の章(三六)。これには「エイハブ登場、つづいて全員」というト書があり、その全体の雰囲気は圧倒的に劇的であるけれども、いちおう平叙文による情景の説明や解説があり、そのあいまに劇

的なせりふがはめこまれている形式で、純粋な演劇的章に分類するのは躊躇されるのでd章とみなす。同様な理由で、エイハブが呪いの言葉とともに「生きた脚と死んだ脚で」四分儀を踏みつけてみせる「四分儀」(一一八)の章、セント・エルモの火が帆桁に燃え、それに船員がおびえる機をとらえて秘儀的なせりふを吐き、いっそうエイハブが自分をカリスマ化する「ろうそく」(一一九)の章、落雷によって羅針が狂ってもいささかも動揺することなく、「皆のものよ、雷がこのエイハブ老人の針を狂わせてしまったが、このエイハブは、この鋼の切れ端から、まっ正直に指すところの、おのれの針をつくりだせる」ことを実証してみせる「羅針」(一二四)などの章もdに分類する。また「エイハブ登場、つづいてスタッブ」(二九)の章、「翌朝、スタッブはフラスクに話しかけた」というたった一行だが地の文があり、あとは全部二人の会話からなる「クィーン・マブ」(三一)の章、語り手はスターバックが船長室に入るところまでは見とどけるが、それから先は何がおこなわれるかわかるはずがないのに、スターバックが船長を殺そうとして果さなかった経緯を語る「マスケット銃」(一二三)などの章もdにする。さらにまた、エイハブが鍛冶屋のパースに個人的に接触し、タシュテゴ、クィークェグ、ダグーなどの異教徒から血をもらい、その血でひそかに「我ナンジニ洗礼ヲ施サン、主ノ名ニオイテニ非ズシテ、悪魔ノ名ニオイテ」銛に焼きを入れる「ふいご」(一一三)の章もdにする。するとdの章は十五章になる。

「鯨学」の章を特定する作業は比較的簡単である。いちおう物語の筋から遊離し、あるいはその進行を中断して、鯨について科学的・偽似科学的・文献学的・歴史的・哲学的に……語る章のこと

を「鯨学」の章と称することにする。すると、これは全部で二十章ある。しかし前後の章との密着性、あるいは逆に遊離性には、「鯨学」の章によってかなり差があるので、八九章「仕止め鯨、はなれ鯨」(Fast-Fish and Loose-Fish)の分類法にしたがい、「仕止め鯨学」(Cf)と「はなれ鯨学」(Cl)の二種類に分類しておく。なお「仕止め鯨、はなれ鯨」の章そのものは、その冒頭に「前々章において目印(ウェイフ)と目印竿(ウェイフ・ポール)について言及した以上、この目印(ウェイフ)がその象徴でも記章でもあるところの、捕鯨業の法と慣習についていくらか述べる必要があろう」と断り書きがあるように、前々章における捕鯨作業の続きとして書かれている文章なので、これは「鯨学」の章ではないことにする。

残るのは「出会い(ガム)」の章だけである。「出会い」とは「二隻(アルイハソレ以上ノ)捕鯨船ノ交歓。通例漁場ニオイテ為サレル。ソノ場合、歓呼ヲ交ワシタ後ニ双方ノ船ノ乗組ミハ往訪シアイ、二人ノ船長ハ甲船上ニ、二人ノ一等運転士ハ乙船上ニ、シバラク止マル」(五三)ことである。『白鯨』にはこれがつごう九回ある。『白鯨』という異界の海を航行する小宇宙(ミクロコスム)としてのピークォド号にとって、洋上における他船との出会いは、唯一のまた別の異界ないし小宇宙との接触の機会であり、たしかにそれぞれの出会いによってピークォド号はなにがしかの影響を受け、次第にその宿命の輪を縮めてゆき、太平洋上の消尽点へと導かれてゆく趣がある。つまり、すこし角度をずらして言いなおせば、この一見無秩序な小説『白鯨』に宿命の必然性、構造上の骨格を与えているのがこれらの「出会い」の章であるように思われる。すくなくとも『白鯨』全体を地とし、九つの「出会い」の章を図として見ようと思えば、これらの章は例のルビンの壺のように浮かび出て見えてくる。もっ

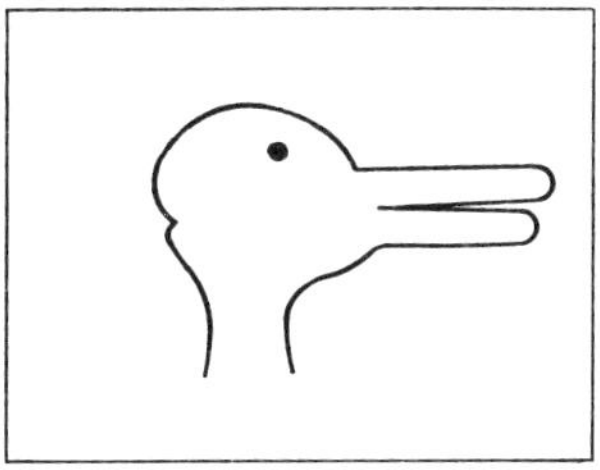

アヒル⇄ウサギの図形

ルビンの壺

とも、そう見ようと思えば見えるのであって、このさいウィトゲンシュタインが「アヒル⇅ウサギの図形」について、「われわれは或るときはそれをひとつのものとして、或るときは別のものとして見ることができる――つまり、われわれはこれを解釈している、そして自分たちが解釈するようにそれを見ているのである」(『哲学探究』二部一一章)といっている命題を思い出しておきたい。そして、このことは「出会い」の章についてだけいうのではない。

さて、そのうえで以上の分類法にしたがって『白鯨』を四つの異質なテキストに腑分けし、それを図示してみることにする。それは『白鯨』を視覚的に「まるごと」捕えるための私の方法であり、次の段階にすすむための手段でもある。これを『白鯨』モザイクと呼んでおこう。

次の図の一コマは一つの章を代表し、アラビア数字は章数を示す。無地のコマは「物語」であることを、Cは「鯨学」(Cetology)、Dは「劇形式」(Drama)、dは「物語」と「劇」との「中間形式」ないし「準劇形式」、Gは「出会い」(Gam)の章であることをそれぞれ表わす。末尾に付したE_pは「エピローグ」(Epilogue)、冒頭のE_tは、「語源学」(Etimology)、E_xは「抜粋」(Extracts)の符号である。色刷りにできないのが残

念だが、各符号ごとに別の色でコマを埋めれば『白鯨』全体のモザイク模様がより鮮明に浮かびあがってくるはずである。ただしDとdは同じ色の濃淡で区別するのが望ましい。なお二三・二四・二五の各章（「風下の岸」「弁護」「あとがき」）は一群をなし、その前後の一連の章とはかなり異質なテキストであり、かつ前後のテキストの異質性をも目だたせる亀裂ないし断層をなす章であるので、他と区別して網目模様にしておいた。

Ep	D 121	106	G 91	Cf 76	61	46	d 31	16	1	Et
	D 122	107	Cf 92	Cf 77	62	47	Cl 32	17	2	Ex
	d 123	D 108	93	78	63	48	33	18	3	
	d 124	D 109	94	Cl 79	64	49	d 34	19	4	
	d 125	110	95	Cl 80	Cf 65	50	35	20	5	
	d 126	111	96	G 81	66	51	d 36	21	6	
	D 127	112	97	82	67	G 52	D 37	22	7	
	G 128	d 113	98	83	Cf 68	53	D 38	23	8	
	D 129	114	d 99	84	69	G 54	D 39	24	9	
	130	G 115	G 100	Cl 85	70	Cl 55	D 40	25	10	
	G 131	d 116	101	Cl 86	G 71	Cl 56	41	26	11	
	132	d 117	Cl 102	87	72	Cl 57	42	27	12	
	133	d 118	Cl 103	Cf 88	73	58	43	28	13	
	134	d 119	Cl 104	89	Cf 74	59	44	d 29	14	
	135	D 120	Cl 105	90	Cf 75	60	45	d 30	15	

Cf「仕止め鯨学」
Cl「はなれ鯨学」
D「劇形式」
d「準劇形式」
G「出会い」
Et 語源学
Ex 抜粋
Ep エピローグ

『白鯨』モザイクの図

2 鯨学

シャチ

鯨学の筆頭にくるのは、そのものずばり「鯨学」と題する第三二章である。これはそれにつづく鯨学諸章の基調を定める重要な章で、たしかにそれらの筆頭に位置するけれども、しかしながら、なにもそこに置かれなければならない必然性はないように思われる。それは、スタッブがフラスクに前夜見た奇妙な夢について語る「人魚（クイーン・マブ）」というdの章と、銛手が捕鯨船においては高級船員であるゆえんを述べる「銛手頭（スペックシンダー）」と題される物語の章にはさまれていて、前後との脈絡はまったくない。この「鯨学」は、たとえば二五章「あとがき」の次に置かれても、四八章「最初の追跡」の前に置かれても不都合はないように思われる。すなわち、この章は、ある一定の範囲内においてではあるが、それが占めるべき位置の恣意性、テキストとしての浮遊性が顕著である。

ほぼ同じことが大半の鯨学の章についても言える。絵画や彫刻に見られる鯨についての記述である五五章、五六章、五七章の一群の鯨学の章が「タウン・ホー号の物語」(五四)の次にこなくては

ならない必然性も見出しがたいし、鯨の骨相学的考察の章である七九章、八〇章がドイツ船ユングフラウ号との「出会い」の章(八一)の直前に位置しなければならない必然性もないように思われる。また、なぜ「尾」(八六)と題される鯨学の章がそこになければならないのか。さらに、鯨の骨格について語る四つの章(一〇二、一〇三、一〇四、一〇五)が「エイハブの足」(一〇六)の前に置かれなければならない格別の理由もない。こういう章が置かれる位置の恣意性、地のテキストからの遊離性、断片性が強い鯨学の章は、全部で十二あり、すでに言及したように、「仕止め鯨、はなれ鯨」の分類法にしたがい「はなれ鯨学」(Loose Cetology)と称することにし、前掲の図ではClと表記しておいた。

しかし、すでに示唆しておいたように、すべての鯨学の章が「はなれ鯨学」の章ではない。たとえば「人間がおのれのランプに油を供給する動物をむさぼり食い、ことにスタッブのように、いわば鯨の明りで鯨を食べるなどとは、じつに野蛮きわまることに思えるゆえ、いささかその歴史と哲学について考察する必要がある」という出だしで始まる「鯨のうまみ」(六五)なる美味学的鯨学の章は「スタッブ、鯨を仕止む」(六一)から、この豪胆な運転士が、鯨肉のステーキをレアで食べる「スタッブの晩餐」(六四)へとすすむ物語を必然的に受け止めている。その意味で、これは「仕止め鯨学」(Fast Cetology)の章である。ゆえにこの種の鯨学の章はCfをもって表示した。また鯨の脂肪層およびその表皮について述べる六八章「須の子(ブランケット)」も「仕止め鯨学」の章に属する。その前章が鯨の「解体」(六七)、ことにその脂肪層「須の子」をはぐ作業にまつわる描写であってみれば、次

章への脈絡は自明である。

また七四から七七章までの一連の鯨学の章も緊密に直前の「スタッブとフラスク、セミ鯨を仕止め、深く思う」(七三)につながっている。この章では、はじめピークォド号はマッコウ鯨の巨大な頭をぶらさげ、その重みで片側にひどく傾きながら航行している。そこへスタッブたちがセミ鯨を仕止め、その頭を船のもう一方の側にぶらさげる。するとピークォド号はどうやら平衡を取り戻す。ところが何ごとにも、何がしかの真理や比喩、ときにはものを書いている自分自身のメタファーを見出さずにはいないメルヴィル＝イシュメールのことだ、マッコウ鯨の頭をロックの実証哲学に、セミ鯨のそれをカントの観念哲学になぞらえ、こう語る。

片側にロックの頭を吊るせば、そっちに傾くだろうが、そこで反対側にカントの頭を吊せば、また元に戻る。だが、ご苦労千万なことだ。だから釣合いを取ることばかりにかまけている人間がいるのだ。ああ、愚かなことよ！　そういう入道雲みたいな頭はみんな海中に投じてしまうがよい。その時はじめて、軽やかにまっすぐに浮かぶことができる。

これを受けて七四章と七五章では、それぞれマッコウ鯨とセミ鯨の頭についての比較解剖学的考察がなされる。けれども、それは単なる生物学的記述ではなく、いわば鯨の頭をダシに形而下的問題と形而上的問題とのあいだを自在に往復する趣があり、それも前章と対応するが、たとえばマッ

コウ鯨の眼の位置が巨大な頭の両側、つまり人間でいえば耳のあたりにあるところから、次のような議論に発展する。前掲の多義図形でいえば、鯨はわれわれ人間とちがってアヒルとウサギを同時に見てしまうというわけだが、なるほど、鯨の脳裏で二つの映像がどのように合成・分離されているかを考えてみようとすると頭がくらくらする。

その両眼は、それ自体としては、同時に働くにちがいない。ところで、その頭脳は人間のそれよりもはるかに総括的、統合的かつ微妙にできているので、鯨は同一瞬間に、その一方の側と、その正反対の側との二つのまったく異なる映像を注意深く比較検討できるのであろうか……これは人間において、ユークリッドのまったく別個の二問題を同時に解決するに等しいが、この比喩にはいささかの誤謬もないのである。（七四）

またセミ鯨の頭の検討が終った段階では、両者の頭を天秤にかけ、「私は思うに、セミ鯨はストア派であり、マッコウ鯨はプラトン派に属し、後年はスピノザ派をも伴（とも）としたのであろう」（七五）とコメントする。そして、つづく七六、七七章はマッコウ鯨の芳香ゆたかな鯨脳油を蔵する前頭部の解剖学的鯨学の章であるが、それも次にくる物語の章にすんなりつながる。すなわち七八章は、タシュテゴが鯨の頭「大樽」に穴をうがって「油汲み」に精を出している最中、足を滑らせて「大樽」もろとも海中に没し去ろうとしたところを、ナイフを手にしたクィークェグが海に飛び込み、

海面下で「産婆術」の妙技を発揮してタシュテゴを救出する、あのスリル満点の章である。「鯨学」から「物語」への移行はごく自然である。

さらには八八章「学校（スクール）と学校教師（スクール・マスター）」は八七章「大艦隊（グランド・アーマダ）」につづく。この章では、スンダ海峡をぬけて太平洋に入ろうとするピークォド号が前方に鯨の大群（スクール）を発見し、それを追跡するうちにおのれも海賊に追跡されていることに気づく。だが、どうやら海賊を振り切って到達するところは、いくえにも「同じ円」をえがく鯨の「大艦隊」の中心で、そこには意外に静謐な「魔法の凪ぎ」があり、鯨の母子が演ずる乳臭いエロチシズムの平安がある。しかしそれも束の間、狂暴な手負い鯨がつぎつぎに同心円の輪を一直線に切りながら突進してきて、すべての鯨もまた中心の一点に向かって殺到し、凄絶な大混乱を巻きおこす。そういう章の次に、鯨の群居性、ハーレム、はなれ鯨などについての生態学的鯨学の章「学校と学校教師」がくるのは妥当としか言いようがない。

最後の「仕止め鯨学」の章は「竜涎香」(九二)である。その前章でピークォド号はフランスの捕鯨船「薔薇の蕾（ブートン・ド・ローズ）」号に遭う。このかぐわしい名のフランス船は、病死し腐乱して猛烈な悪臭を放つ「すたれ鯨」に横づけになっている。このような鯨の腸内にはえてして貴重このうえない竜涎香があることを承知のスタッブはフランス船の船長を、いかにもヤンキーらしいやり口でたぶらかして鯨を投棄させ、まんまとこの香料を手中にする。この滑稽な「出会い」の章(九一)の次に「竜涎香」という鯨学の章。両者の脈絡は明らかだろう。

ところで、これら鯨学の諸章が『白鯨』モザイクにおいて占める配置ないし分布についてもう一

度注目していただきたい。不思議なことに、そして実は不思議でもなんでもないのだが、われわれの定義による「はなれ鯨学」の各章は概して群れをなし、逆に「仕止め鯨学」の各章はあたかもはなれ鯨そのもののように群れをはなれて散在している。この逆説は、しかしながら、テキストにおける正説であるにすぎない――「仕止め鯨学」の各章はいわば散在するテキストによって仕止められているのだから。すでに見たように、メルヴィルが今日みられるような章立ての順序にしたがって『白鯨』を書いていったのでないことはほぼ確かで、むしろ図にみるような格子にあとで鯨学のパネルをはめ込んでいったような印象を受けるけれども、そしてそれはバーバー説とも合致して事実であるように思われるけれども、「仕止め鯨学」の章を書き、あるいは挿入するとき、彼がそれらが置かるべき位置、つまり物語のシークェンスを十分に念頭に入れていたことも確かである。それとは反対に、「芸術や美は二つのかけはなれた相反するものの調和である」とか、「新しい関係を発見するためには二つの相反するものを連結しなければならない」(西脇順三郎『詩学』、筑摩書房、一九六九)とかいう詩学の存在を十分に意識するにしても、やはり「はなれ鯨学」の諸章の配置はきわめて恣意的であり、前後との脈絡に欠けている。

このことは、はからずもメルヴィルという作家の資質を問わず語りに語ってもいる。彼には凝り性で慎重で完璧主義者の側面があったと同時に投げやりで不注意で無造作な面もあったのだ。むろん、そういう両面は截然と区別できるものでなく、また一方が美点、他方が欠点という議論にもただちにはつながらない。むしろ逆で、そういう両者の混在・融合にこそこの作家の真価があるので

あって、これはメルヴィルが、マッコウ鯨さながら、正反対のものを同時に見てとり、想像力を二重に働かせ、相反するものを融合する「不調和の調和」づくりの名手であったことと無関係ではない。だから、私が「はなれ鯨学」の恣意性について指摘するとしても、欠陥として指摘しているつもりはなく、それがメルヴィルの完全な無思慮の所産だと断言するつもりもない。捕鯨業についてが、それは自分の書く「企て」について言っている言葉でもあろう。それに彼は、小説とはつまる「細心なる無秩序こそが真の方法である企てというものがある」(八二)とメルヴィルは書いているところ現実の保証なしには成立しえない芸術のジャンルであること、それはなんらかの意味で人生という「雑事」(mixed affair)(四九)の似姿をしていなければならぬ、という信条を抱いていた作家でもあった。それゆえ「はなれ鯨学」の作品構成上の意義について軽々に論ずることは控えたい。また、それらが現にそこにあることの芸術上の効果についてもここでは判断を中止したい。たとえば、八五章の第一節の途中で、メルヴィルは「今日ただいま(西暦一八五〇年十二月十六日午後一時十五分十五秒)」と書きつけているが、それが彼の完璧主義のせいか、無造作のせいか、茶目っ気のせいか、またそれがなんらかの効果をかもし出すとして、それについて意識的だったのか無意識だったのか、そのへんのことについてはなんとも断定しかねるけれども、そういうことが今日の観点からすると「なにやら不思議なモダニティの雰囲気を漂わせる」(杉浦銀策『メルヴィル——破滅への航海者』、冬樹社、一九八一)ことになるのも事実であって、その流儀で「はなれ鯨学」の諸章についても「新しい関係を発見する」ことができるかもしれない。「フィクションはその語り自体の

メタファーとなり、書くこと自体を書きながら成立することになろう……自分の人生、他人の人生を書くと見せかけながら、フィクションの書き手は、同時に、彼が語っている物語の物語、彼が用いている言語の物語、彼が用いている方法の物語……などを書くことができる。……フィクションの書き手は、自分が語っている物語とは全く関係のない材料(引用、絵、図、表、模様、その他の議論の断片、落書き、etc)を挿入することができる」(フェダーマン編『サーフィクション――フィクションの今日と明日』、スワロープレス、一九七五)とは今日のアメリカのポスト・モダニストであるレイモンド・フェダーマンの言葉である。

そうなら、ここでまた三二章「鯨学」にもどり、この鯨学を代表する章の書き物としての質をもっとつまびらかにし、ひいては他の鯨学の諸章の書き物としての質を他の章のそれから区別する特質をもうすこし明らかにしたい。

ところで「鯨学」のテキストとしての質について誰もが気づく第一の点は、それがいわゆる描写ではない議論(ディスコース)であり、しかもきわめて衒学的(ブッキシュ)な議論であることだ。その語り口にはコミックなところがないわけではないけれども、高踏的で、大仰で、他の本への言及、他の本からの借用にみちている。その主題は、むろん鯨ではあるけれども、鯨が本の大きさ(ヴォリューム)のアナロジーによって分類されていることからもわかるように、そのアプローチはきわめてテキスチュアル(textual)かつ書誌学的(ビブリオグラフィカル)なもので、この書き手(メルヴィル＝イシュメール)のそういう鯨に対する態度、その捕え方は作中人物エイハブのそれとは大いに、また語り手兼登場人物としてのイシュメールのそれとも微妙

に異なり、それがこの章ないしその他の鯨学の章の書き物としての質を特徴づけている。このさい書き物としての質とは、鯨学の諸章の語り手兼書き手であるメルヴィル＝イシュメールの鯨ひいては世界の見方、対象把握のエピステーメのテキストにおける反映にほかならず、そういう認識論上の前提は「鯨学」冒頭に抜け目なく書きつけられている。

いま私が諸君の前に提示したいと思うのは、この広汎なる鯨族についての体系的な記述である。だが、それはなまやさしい仕事ではない。ここに試みられることは、混沌の構成要素を分類することにほかならない。

ここでは鯨族全体はカオスと見なされ、個々の鯨はその構成要素と目されているわけだが、カオスを分類し、無秩序を体系化することが「なまやさしい仕事」であるわけがない。それは、つまるところ、無分節の世界を分節化すること、と同時に、自分の意識を分節化することであり、また自分の意識が分節化されると同時に世界が差異化されることでもある。メルロ＝ポンティはその『知覚の現象学』(みすず書房、一九六八)のなかで「事物の命名は認識のあとになってもたらされるのではなくて、その認識そのものである」と述べているが、これはメルヴィルが鯨をフォリオ鯨、オクタヴォ鯨、デュオデシモ鯨と分類・命名していることについても当てはまる。メルヴィルはこのように鯨を書誌学的に分類し命名することによって本としての鯨を出現させ、あわせて世界

を本としての世界（リベール・ムンディ）と化しているのである。むろん、鯨を世界ともどもまるごと自分の本のなかに取りこむために。

「鯨学」のなかでメルヴィルが鯨をまず「水平の尾を持ち潮を吹く魚」といささか意表をつく定義をしてみせるのも、鯨をテキスト化して自分の本のコンテキストのなかに捕獲するための手続きであって、いささかも無知のせいではない。メルヴィルは、鯨が「温血二房性の心臓、肺臓、可動性の目ぶた、空洞性の耳、乳房にて授乳する牝（めす）をば刺し貫くペニス」(三二)を有するがゆえに哺乳類であるとするリンネの説を生物学的観点から、まともに、本気で否定して、単純素朴に鯨をば「水平の尾を持ち潮を吹く魚」(a spouting fish with a horizontal tail) と規定しているわけでは毛頭ない。八七章の「大艦隊」では鯨のハーレム、授乳、臍の緒をつけた仔鯨のことなどが描かれているし、九五章「法衣」はもっぱら鯨のペニスの鯨とりたちによる奇想天外な利用法について述べる章だ。メルヴィルが「鯨」を「魚」(fish) と定義したのは、マップル神父の「説教」(九)のテキストになった『ヨナ書』一・一七の「さてエホバすでに大いなる魚を備へおきてヨナを呑ましめたまへり」(Now the Lord had prepared a great *fish* to swallow up Jonah.) の「魚」や「抜粋」にも引用されている『イザヤ書』二七・一の「曲（まが）りうねる蛇レビアタン」(leviathan that crooked serpent) などを『創世記』一・二一の「神巨いなる鯨を創造（つくり）たまへり」(God created great whales.) の「鯨」に収斂させて結びつけ、それらを「鯨」として自分のテキストのなかにすなどり、同時に『白鯨』というエクリチュールの海に泳ぐ諸鯨を聖書をも含む本としての世界の大洋に

も泳がせんがための手管であったろう。それに『創世記』七・二二には、ノアの洪水によって「凡(およ)そ其鼻(そのはな)に生命(いのち)の気息(いき)のかよふ者(もの)、すべて乾土(くが)にある者(もの)は死(しね)り」とあるが、もし鯨を「鼻に生命の気息のかよふ者」(All in whose nostrils *was* the breath of life) たる哺乳類に含めておくなら、鯨もまたかのノアの洪水によって溺れ死んだことになるではないか。メルヴィルは、いわばテキスト的に、鯨を溺死と絶滅から救ったのかもしれない。

それでは以上のような語り手としてのイシュメールないし作家としてのメルヴィルと対比して、エイハブの鯨ないし白鯨に対する態度、その見方、捕え方は基本的にどうちがうのか。結論を先に言ってしまえば、エイハブは白鯨を象徴として捕えようとし、「鯨学」の書き手としてのイシュメールはそれを記号ないしテキストとして捕えようとする。そして語り手にして作中人物であるイシュメールは白鯨を時には鯨として、時には記号として、時にはテキストとして、また時には象徴として捕え、またそれらすべての見方に捕捉されることがない。だからこそ作中の語り手イシュメールは、モービィ・ディックを「物言わぬ獣」(三六)、それに復讐心を燃やすのは「冒瀆」であるような動物、要するに鯨は鯨とみなす敬虔なクリスチャンであると同時に実際的なヤンキーであるスターバックの心の襞(ひだ)まで見てとることができ、反対に鯨も鮫も木偶(ヨージョ)も人間も等しなみに眺める異教徒にして汎神論者クィークェグにも深い共感を示すことができるのだ。ところで、いま問題にしているのはテキストのことであり、象徴と記号のことである。フェルディナン・ド・ソシュールは象徴をこう定義している——「象徴はまったく恣意的では**ない**という特質をもつ。それは、空(うつ)ろで

はなく、〈意味するもの〉と〈意味されるもの〉の間には、自然の絆の痕跡が存在している」（『一般言語学講義』、一・一、一九一六、英訳本、一九五九）と。この定義の便利さは、象徴を定義しながら、同時に記号をも定義しているところにある。「象徴は、それがどのように捉えられる場合でも、つねに自然あるいは理念的なものにその根拠が求められるのに対して、記号は制度や慣習にもとづく人為的なもの」（浅沼圭司『象徴と記号』、勁草書房、一九八二）なのである。これを『白鯨』が十九世紀中葉のアメリカが生んだ文学作品であることを考慮に入れて言いなおしてみるなら、記号としての言語はきわめて人為的かつ恣意的なものであるのに対して、モービィ・ディックなる象徴は自然的かつ神学的なものなのである。記号としての言語が「鯨」なる実体を捕えるのにいかに間尺に合わない恣意的な道具であるかをメルヴィル自身がよく自覚していたことは、この書物の巻頭に掲げられている「語源部（エティモロジー）」なる珍妙な断章を一瞥しただけでもわかる。そこでメルヴィルは「鯨」を指示する言葉を、古典語から現代西欧語、それにポリネシア語にいたる古今東西の言語圏から採集してきて列挙してみせる――その多様性、それら相互の無関係性。一方、鯨そのものの巨大性は、それこそ洋の東西を問わず誰の眼にも明らかである。冒頭の章でイシュメールは海へ行く諸動機を挙げて「そういう動機のうち最たるものは、巨大な鯨そのものの圧倒的な観念である。かくも驚異的で神秘的な怪獣が私の好奇心をとらえてしまったのである」と告白する。エドマンド・バークが「巨大さ」と「危険」を「崇高（サブライム）」の観念に結びつけ、「苦痛と危険の念をかきたてるにふさわしいものは何であれ、つまり、ともかく恐しいもの、恐しい対象と関係のあるもの、ある点で恐怖に類

する働きをするものは何であれ、崇高の源泉である」(『崇高と美の観念についての哲学的考察』、一・七、一七五六)と書いたが、それがロマン主義の中心的イデオロギーとしてあれほど一般に受け入れられたのは、その両項のあいだに「自然な絆」が存在したからであろう。メルヴィルの同国人にして同時代人エマソンはその『自然論』(一八三六)で「自然は精神の象徴である……世界は象徴的(エンブレマティック)である……全自然は人間精神のメタファーである」とくりかえし述べ、そのように自然を観ずることによって、そのように自然を体系化しようとしていたことも思い出しておいてよい。かくして「自然」もまた「理念的なもの」なのだ。しかし記号としての言語は、ソシュールがくりかえし強調するように、あくまでも非自然的なものである。そして記号が織りなすものとしてのテキストであり、かつ一種の完結性を有するもの、それが書物である。その書物の海に「意味するもの」としての記号である「鯨」を追う、それがこの「鯨学」の書き手にとっての捕鯨であり、ひいては読者にとっての捕鯨である。そのような捕鯨が、本物の鯨を海に追う捕鯨と根本的にちがう点は、それが直接に身に危険が及ばないばかりか、この「意味するもの」(「記号」)としての「鯨」に最終の「意味するもの」が不在であるがゆえについにその捕獲が不可能である点にある。この最終的な「意味されるもの」がないために発生する際限ない「意味されるもの」の連鎖的増殖反応につきあうことをロラン・バルトなどは「戯れ」と称するだろうし、「戯れ」に「快楽」がつきものであることにも納得がいく(バルト『テクストの快楽』、みすず書房、一九七五参照)。ところがエイハブは、フィクションの海においてであるとはいえ、鯨であると同時に象徴でもあるモービィ・ディックをとことん追跡

し、ついに身を滅ぼす。象徴もまた「意味するもの」であるけれども、記号の場合とはちがって、自然的なものにせよ制度的なものにせよ、その「最終の意味するもの」の存在が前提とされており、またそうでなければ象徴ではありえないのだから、その解釈行為は究極的に終焉し、おそらく象徴の狩人はそれを獲得するばかりか、それと合一をとげるのだろう——すくなくともそういう超越的願望を内に秘めているのだろう。おそらく狩りの体系においては象徴は不可欠なのであり、それとの超越的合体こそが理想となるのだろう。エイハブの死は必然だったのだ。

ところで「鯨学」の書き手イシュメールは「私は図書館を泳ぎまわり、海を乗りまわした」と書く。「図書館」が「海」に先行するところが重要だろう。それから鯨を二折判、八折判、十二折判、一章、二章、三章……と分類していくことについてはすでにいくたびか言及したし、そうでなくとも周知のとおりだ——「鯨をその巨大な体軀(ヴォリューム)のまま、大胆に区分けして捕える」ためには「書誌学的方法(ビブリオグラフィカル・システム)だけが成功の可能性がある唯一の方法」であるとメルヴィル＝イシュメールは観じたからである。むろん生物学的には、鯨はいわゆる鯨ひげを上顎から生やすヒゲクジラと歯を持つハクジラの二亜目に大別され、ナガスクジラ、セミクジラ、ザトウクジラなどがヒゲクジラに属し、モービィ・ディックがそうであるマッコウクジラやイルカの類がハクジラに属することは当時もいまも常識であるが、メルヴィルがあえてこの生物学的分類法を排したのは「ひげ、こぶ、背びれ、歯——これらの特徴は、その他のより本質的な構造上の差異とは無関係に、さまざまの鯨族のあいだに出たらめに散在している」からであり、「たとえ諸君がさまざまの鯨の腸の中にもぐりこんだ

ところで、すでに挙げた外面上の特徴の五十分の一でも分類家の役にたつような差異を見いだすことはできまい」と観念したからである。しかし、この「書誌学的方法」は「実用的」であるにせよ、それが鯨を分類するための万全完璧なシステムであるなどとはメルヴィルも考えてはいなかった。「私は完璧なものを約束しない。なぜなら、人間のなすことで完璧なものを予想するとすれば、まさしくそういうことを予想するという理由をもってまちがいなく誤謬だからである」とも断定している。だから十二折判以下の鯨については（次の文句自体も『マクベス』［五・五・二四―八］の高名なせりふを思い出させるという意味だけでもテキスチュアルだが）、「巨鯨主義(レヴィアタニズム)に充満しながら、なにも意味しない単なる音にすぎない」（……mere sounds, full of Leviathanism, but signifying nothing）として体系化を断念し、この「鯨学」ばかりか「この本全体が下書き(ドラフト)にすぎない――いや、下書き(ドラフト)の下書き(ドラフト)にすぎない。ああ、時間よ、体力よ、現金よ、そして忍耐よ！」とこの章を結ぶ。メルヴィル＝イシュメールが鯨を記号として扱っていることは、ほぼ明らかだろう――それを扱いきれなくなったと称する段階では、鯨をいわばシニフィエのないシニフィアン、つまりゼロ記号としているのだから――ゼロ記号もまた「意味に充満」しうるのだ。

「意味されるもの(シニフィエ)」がない「意味するもの(シニフィアン)」――それはイシュメールにとっては「色のない、あらゆる色」であるところの「白」であり、その記号は「白子鯨(アルビーノ・ホエール)」である。「鯨の白さ」（四二）の章で、イシュメールは「白」が生命から死、善から悪、清純から汚辱、歓喜から悲しみ……などのほとんどあらゆる人間の観念や感情を意味することを述べ、ゆえに「白」は「意味に充満しながら、

沈黙する虚無」(a dumb blankness, full of meaning) であると規定している。そして「白子鯨はそれらすべての象徴 (symbol) である」と結ぶ。ところで、すべてを意味するとは、何も意味しないことに等しい――最終的なシニフィエのないシニィアン、あるいはシニフィエが無数にあるシニフィアン。語り手はそれを「白い鯨」に擬しているわけだが、そこで用いられている「象徴（シンボル）」という言葉はわれわれのいう記号（サイン）のことである。なにも原文を強引に捩じまげようとしているのではない。メルヴィルの当時にはまだ記号学などという学問はなく、象徴（シンボル）のなかに記号（サイン）が未分化のまま内包されていただけのことであり、メルヴィル自身は「象徴（シンボル）」をむしろ後者の意味で用いた。たとえば、われわれにとっては「象徴（シンボル）」であるところのエイハブにとっての白鯨の意味を説く章「モービィ・ディック」(四一)では「象徴（シンボル）」という言葉は一度も使われておらず、かわりに「化身（インカネイション）」が用いられている、しかも次のような文脈で――「『白鯨』はエイハブの前を、これらすべての邪悪な観念の凝りかたまった化身として (as the monomaniac incarnation) 遊弋していた」。また同じ章に「あらゆる悪は、心狂ったエイハブにとっては、モービィ・ディックという眼に見える肉体と化して (personified) あらわれ、それに向かって攻撃をしかけることができる対象だった」(傍点付加) ともある。要するにエイハブにとっては、モービィ・ディックは肉体化された観念、完全に「空（うつ）ろ」ではない(ただし「時にはその[壁としての鯨]の向こうには何もないと思うこともある」[三六] けれども)擬似実体、つまりわれわれのいう「象徴」なのである。それに反して、イシュメールにとっては、そしてとくに鯨学の章では、鯨はしばしば記号が印刷されてある「本」のメタファーで

あり、「テキスト」である。本やテキストは、人はこれを読む。だからイシュメールは「鯨がテキストであるときは……必ず超大型判のジョンソン辞典を用いる」(二〇四)のであり、それでも自分が知らない言語記号で書かれた鯨という「本」の部分——たとえばマッコウ鯨の前頭部の皺(しわ)や鯨の表皮に刻まれた複雑な線条——は読みきれないこともある。

シャンポリオンは、あの皺(しわ)だらけの花崗岩(ロゼッタ・ストーン)にあった象形文字を解読した。だが、あらゆる人間、あらゆる生物の顔に存する「エジプト」を解読できるシャンポリオンはいない。人相学にせよ、他のすべての人間の学問がそうであるように、ただうたかたの寓話にすぎない。三十もの言語に通じたサー・ウィリアム・ジョーンズでさえ、単純素朴な農夫の顔にやどる深遠微妙な意味を読みとれなかったのであれば、浅学非才のイシュメールの徒が、マッコウ鯨の額に刻まれた恐しいカルデア文学を読むことなど、どうして望みえようか? 私はその額を諸君の前にさし出す。できるものなら読んでみたまえ。(七九)

象形文字が刻まれているのは、しかしながら、なにも鯨の額にだけではない。その巨大な体軀(ヴォリューム)の全表面にも刻まれているのである。

生きているマッコウ鯨の目に見える表面は、この動物が示すさまざまの驚異のなかでも特筆す

べきものである。ほとんど例外なく、鯨の表皮には、縦横無尽に走る直線が錯綜し、まるで最上のイタリア線条彫刻であるかのごとき観を呈している。だがこれらの記号(しるし)は前述の雲母状物質に刻印されているようにはみえず、むしろ、それを透かして見えるものだから、肉体そのものに刻みつけられているような感を与える。いや、それだけではない。時として、鋭く注意深い人は見るであろうが、これらの線状の記号(しるし)は、真実の彫刻と同じく、どこかこの世ならぬ、久遠(くおん)のかなたのことをあらわしていると感ずべきふしがある。これらは象形文字である。つまり、ピラミッドの壁面にある、あの神秘的な符号を象形文字と呼ぶのなら、この場合にも同じ言葉を用いるのが妥当である。私はあるマッコウ鯨に見た象形文字のことがあまりにも強烈に頭に焼きついていたものだから、上部ミシシッピーの河岸にある有名な断崖に刻まれた古代インディアンの象形文字をうつした図版を見たとき驚愕したことがある。あの神秘的な岩面が解読不能であるように、この神秘的な符牒をつけた鯨は解読不能である。(七八)

鯨の額やそれ全体をおおう表皮などの「表層」に刻まれた記号の解読さえ容易ならぬわざなのだ。まして表皮、真皮、脂肪、筋肉、骨格などの諸層からなる鯨全体をまるごと捕えることはいかなる難事か。そうメルヴィルは語っているように思われる。「尾」と題する鯨学の章(八六)では「私がどんなに鯨を解剖してみたところで、せいぜいが皮の厚さまでしか行けないのだ。私は鯨を知らぬ。永遠に知らぬだろう」とさえ語られている。ところでこの「尾」という章はマッコウ鯨の尾に

ついての解剖学的所見を述べるとみせかけながら重層的テキストとしての『白鯨』そのものの解剖学的断面図を開陳してみせてくれる趣のある章で、われわれにとって興味深い。

　尾全体をみると、鍛着性腱筋でできた濃密な埋没性肉床をなしているが、これを解体してみると、あざやかな三重構造をしていることがわかる――上層、中層、下層と。上層、下層の織維（ファイバー）は長い横型、中層のそれはごく短かく、外側の上層と下層に十字状に交差しながら走っている。この三重構造こそが、ほかの要因もさることながら、尾にあの強大な力を付与しているのだ……だが、この腱質の尾自体の力だけではまだ足りないというのか、体軀のすべてにわたり、筋肉織維と織条の縦糸（ウォープ）と横糸（ウーフ）が織りめぐらされ、それが腰部の両側を通って尾びれにいたり、そこで尾の筋肉織維や織条とまったく渾然と融合して、これがまた尾の力を一段と強力なものにしている。（八六）

変えるべきところを変えれば、これは重層的テキストとしての『白鯨』そのものの記述として通用するだろう。ここでは鯨は、基本的には、筋肉織維（マスキュラ・ファイバー）や織条（フィラメント）の「縦糸（ウォープ）と横糸（ウーフ）」によって織りあげられた織物、すなわちテキストとみなされている。メルヴィルにあっては、鯨のみならず、人も本も世界もテキスト、すなわち織物なのである。クィークェグは「生ける羊皮紙」「一巻の驚異の書」で、そこには彼自身すらが読めぬ文字で「真理にいたる法」（一一〇）が書かれている。また、

このクィークェグとイシュメールが、ある暑くけだるい昼下りに、甲板上で索畳（なわだたみ）を織るあの場面（四七）を思いおこしてほしい。イシュメールは細綱（マーリン）の縦糸の目に手を梭（ひ）にして横糸を通したり戻したりし、そばに立つクィークェグは樫棒の筬（おさ）で糸の目をときに強く、ときに弱く、ときに斜めに叩く。その強弱直斜が「最終的に図柄と模様を生む」というわけ。が、この二人の具体的な機織（はたおり）作業は「時の機織」（Loom of Time）という比喩を合図に、縦糸の必然、横糸の自由意志、そして筬の偶然が世界というゴブラン織をおりなす作業のメタファーに変貌する。「『白鯨』は（メルヴィル自身のも含め）先行する厖大なテキストからの自在な引用を経糸に、メルヴィルその人の海での体験を緯糸に織られた織物だと見ることができる」（高山宏「梭と筬で書く」『アリス狩り』青土社、一九八一）わけである。が、『白鯨』ではすべてが言われてしまっている。その意味で、メルヴィルは批評家にとって仕末におえない作家でもある。彼は四五章「宣誓供述書」でこんなことを供述しているが、章の題名に免じても、真に受けないわけにはいくまい。

> 私はこの仕事を体系的にやってのけることなどに関心がない。ただ、鯨とりとしての実践と信頼すべき筋から得た知識の諸断片をばらばらのまま並べたてることによって、所期の効果をあげることができれば満足なのである。そういうふうに並べたてることによって、狙うところの結果はおのずとみちびき出されてくるはずだ――私はそう信じる。（傍点付加）

かりに「ばらばらのまま並べたてる」と訳しておいた部分の原文は“separate citations”である。Citation がまた「引用」の意であることは断わるまでもなかろう。そして鯨学の諸章のテキストの特質についてもう一つ付け加えるとすれば、それがきわめて多様なテキストの断片からなっている「引用の織物」であることだ。だが、なぜ引用なのか。宮川淳がそのすぐれた本『引用の織物』(筑摩書房、一九七五)のなかでジェラール・ジュネットから引用している一節をここで引用して、この場をしのぐことにしたい。「ブリコラージュのルールは《つねにあり合わせの手段でアレンジされること》であり……分析(構成されたさまざまな全体から雑多な要素をひき出す)と綜合(これらの異質な要素から出発して、ひとつの新しい全体を構成する、この新しい全体の中では、極端な場合には再使用された諸要素のどれひとつとしてそのもとの機能を見出せない)の二重の操作によって、わざわざ作り出すことを節約する。」ここで「ブリコラージュ」とは「ばらばらのまま並べたてること」にほかならず、本質的には「引用」のことであり、それが形づくるものは「多をひとつの全体にまとめることをしない、それらのきわめて独自な統一」であるところのばらばらの総体である。『白鯨』の全体性もまたそのような種類の全体性であるように思われる。が、『白鯨』全体について結論めいたことを言うのはまだ早い。鯨学の諸章でさえ、まだそれらを全体として巧みに捕えたとは言えないのだから。鯨は捕えがたし、それについてのテキストもまた。ちなみにメルヴィルは三二章「鯨学」の最後のパラグラフにこう書きつけている——「最後に——本論は最初に述べたように、ここで一挙に完成されるていのものではない。私が約束を守ったことは御覧

のとおりだ……神よ、私がなにも完成しませぬように！」。私もまたそうでありたい。いや、そうでしかありえない。そこで次の最後のパラグラフをつけ加えて、この章をひとまず終えることにしたい。

鯨学のテキストのもうひとつの特質は、メルヴィルの諸テキストが彼の実体験と読書体験の縦糸と横糸で織られた織物であるにせよ、鯨学の諸章にはメルヴィル自身の捕鯨船体験から直接に得られたと思われる知見があまり見当たらない点にある――つまり、きわめて織物的（テキスチュアル）なテキストであるということ。本来的にテキストの狩人であるところの多くの学者が見出したところによれば、メルヴィルが鯨学のテキストに織りこんだ主要な捕鯨関係の資料だけでもウィリアム・スコーズビー『北洋漁業日誌』、トマス・ビール『抹香鯨誌』、J・ロス・ブラウン『捕鯨巡航の素描』、フレドリック・ベネット『世界一周捕鯨記』、ヘンリー・T・チーヴァ『鯨と鯨とり』の五冊にのぼり、その他の参考文献や引用や孫引きの対象になった作家や書物となると、文字どおり枚挙にいとまがない。坂下昇氏の「鯨資料の分析表」（講談社文庫）を参照されるがよい。メルヴィルの鯨学がまさしく「引用の織物」であることが納得されよう。彼はテキストからテキストを生産していたのだ。先行する諸テキストから剝ぎとってきたテキストの諸断片をおのれのテキストに織りあげる、そのことは他の章についても言えることであるが、それが鯨学の諸章においてほど甚だしきはない。これが鯨学の書き物としての質を特徴づけ、他の章と区別するものの最たるものとみてよかろう。

3

「出(ガ)会い(ム)」

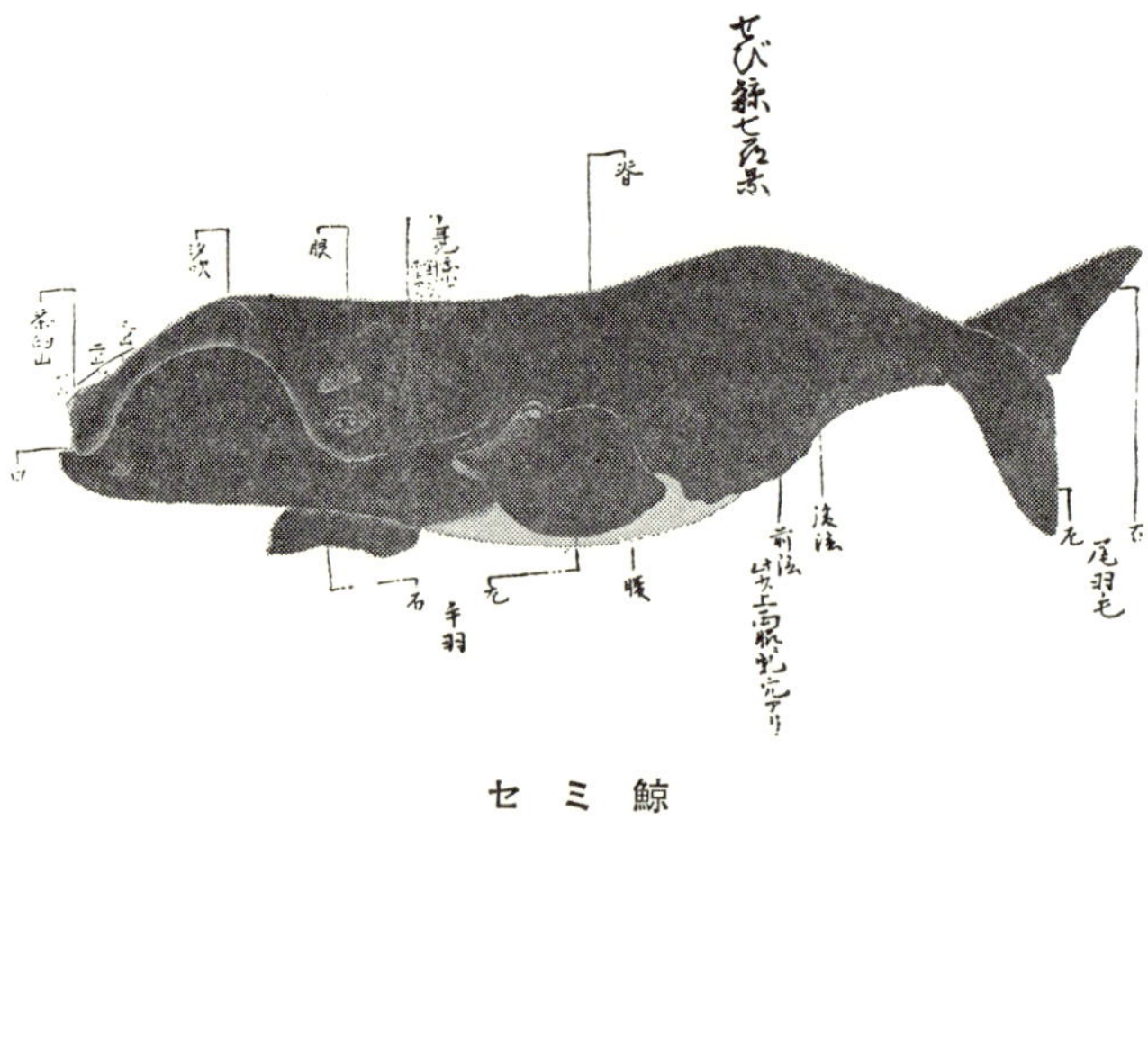

セミ鯨

ピークォド号の他船との「出会い（ガム）」の予表論的な意義についてはW・H・オーデンの明晰平明な解説（『怒れる海』、南雲堂、一九六二）があり、その小説構造上の意義についてはウォルター・E・ベザンソン（「『白鯨』――芸術作品」〔『「白鯨」百年記念論集』〕、南メソジスト大学出版部、一九六五）の有益な指摘があり、ジェームズ・D・ヤングには「ピークォド号の九回の出会い」（『アメリカ文学』15巻、一九五四）というそのものずばりの題名の論文もある。「出会い」の章が『白鯨』において格別の扱いを受けるに価することの傍証でもあろう。

オーデンは、ピークォド号の「九つの出会い」が人間の「神秘」に対する態度の九つの「型（タイプ）」ないし「予表（タイプ）」（予表論（タイポロジー）には「ある経験の分野におけるXが、他の経験の分野においてYであること」という簡潔な定義が与えられている）をあらわすとして、次のように要約してみせる。とうてい余人には真似しがたい簡にして要を得た文章なので、まずはそのまま引き写させていただく。た

だし、われわれの図表との参照の便のため、章数を補っておく。

アルバトロス号(五二)　神秘を体験したであろうが、他人に語ることができない年老いた者たち。(船長のメガフォンは海中に落ちる)

タウン・ホー号(五四)　神秘について知っているが、それを秘密にする者たち。(誰もエイハブにラドニーとスティールキルトのことについて話さない)

ジェロボーム号(七一)　神秘を迷信的な崇拝の対象にしたり、あるいは神秘によって狂気に追いやられる者たち。

ユングフラウ号(八一)と**薔薇の蕾**(ブートン・ド・ローズ)**号**(九一)　怠慢と強欲のせいで、ついに神秘に気づかずにおわる者たち。

エンダービ号(一〇〇)　神秘に気づいてはいるが、合理的な常識と禁欲精神をもってそれに対処する者たち。(「あなたが白鯨の悪意と受けとめているものは鯨の悪あがきにすぎない」)

若衆(バチェラー)**号**(一一五)　神秘の存在を否定する軽佻浮薄で幸せな者たち。(「モービィ・ディックてのは聞いたことあるけど、そんなものはてんで信じませんね」)

レイチェル号(一二八)　キリストの誕生にさいしてヘロデ王に殺戮された無垢なる者たちのように、神秘を理解することも、どうすることもできないまま神秘に巻きこまれる者たち。

歓喜(デライト)**号**(一三一)　神秘に遭遇して歓びから悲しみに転落する者たち。

これを受けてベザンソンは「それぞれの類型(タイプ)についてのオーデンの読みはきわめて明敏であるが、おそらくあまりにも神学的に狭く限定されているせいか、各エピソードの諧調(トーン)にも(ユングフラウ号と薔薇の蕾号(ブートン・ド・ローズ)の逸話には底抜けに陽気な諧謔と風刺がないだろうか)、意味の豊かな広がりにもほとんど眼がゆきとどいていない」とないものねだりをしてから、自分の図式を提示する。図式と言ったが、「出会い」に番号をつけ、それが起こる間隔を視覚化したものである。次にそれを引用しておくが、括弧内の数字は私が加えたもので、章数を表わす。

(52)	(54)	(71)	(81)	(91)	(100)	(115)	(128)	(131)
1	2	3	4	5	6	7	8	9

最初の二つは接近し、中央のグループはほぼ当間隔、最後の二つはまた接近している。「第一に……このいくらか機械的なパターンはこの本の構造を固める力点を示している……第二に、その順序はエイハブの主題との関連において有意義である。エイハブがそれぞれの船に対して示す反応の線は彼の偏執狂の程度を示す心理グラフで、彼の情熱と敵意が次第に高ぶってゆくさまを表わす。図上の点は狂暴なまでに増大してゆくエイハブと人間世界の距離を区切っている。そして第三に、各章それぞれの意味はイシュメールの主題とも関係している。それぞれの船は、語り手がひもといて読む巻物である」とは、ベザンソンの「出会い」についての見解である。そのポイントは、「出会い」の章が「『白鯨』の肉に対する骨格である」こと、その配置がアーチ状の橋の橋脚の間隔の

ように力学的な均整美をそなえていることであり、それはそれなりに納得的である。

ベザンソンも充分にオーデンの「要約」を意識しているが、ヤングの論文はオーデンがたてた単純な方程式に詳しいデータを入れて解を与えるといった仕事で、その結論はこうである——「最初の三つの出会いは警告としての役割はほとんど果していないが、明確に悲劇を予告しており、それはジェロボーム号との出会いにおいて頂点に達する。第二の三つの出会いは選択の可能性を示唆しており、エンダービ号との出会いにおいて頂点に達する。最後の三つのグループは行動選択の可能性を示し、それはまた警告の役割も果しているが、歓喜(デライト)号との出会いにおいて頂点に達する。この一連の出会いは小説の構造と物語の進行を理解するための有力な手がかりを提供しているが、その他の章のグループにはこのような脈絡ある繋がりはない。こういう海上における出会いによって、ピークォド号は世界との困難な関係を経験する——コミュニケイションは不確かで、選択の可能性は限られていることを」。意外に平凡な結論である。端的には、論者はピークォド号の他船との出会いを、第一にコミュニュケイションの問題として、第二にはエイハブがそれを受けとめて態度を決定すべき選択可能な警告として読みとっている。ここに欠落しているのは、しかしながら、オーデンにはある神学的問題への目配りだろう。

他人の意見の概観に意外に手間どってしまったけれども、それらの意見や見取り図に裨益されつつ、これから私なりに九つの「出会い」を順次に見なおしてゆくことにする。

アルバトロス号(五二)――この船の名が由来する白い鳥は、もともと吉兆をあらわす鳥であるのに、コールリッジの『老水夫行』の汚染を受けてか、それともメルヴィルの「白」のオブセションのせいか、老齢・疲弊・死をしのばせる不吉な船になっている。「海の波は晒(さら)し屋だとでもいうのか、その船はまるで陸に打ちあげられた海象(せいうち)の骸骨みたいに漂白されていた。」しかしピークォド号はこの船とただすれちがうだけで、交歓はおろか、交信さえ果せない。相手が呪われた船なら、そんな船と接触しなかったのは吉兆とも言えるし、逆に、そもそもそんな船と交錯しただけでも凶兆とも読める。また交信ができなかったことも、両方に解釈できる。つまり、この事態をアレゴリカルに読むかぎり、いかようにも解釈できるということだ。アレゴリーは、われわれはそれを使いたいだけ使い、いつでも使い棄てにすることができるからだ。だが予表論(タイポロジー)となると、そうはいかない。われわれはそれにとことん付き合わねばならない。そしてエイハブの態度はアレゴリカルなのではなく、タイポロジカルなのではあるまいか。これは彼のモービィ・ディックの捕え方が象徴的であって記号的でないのとパラレルな事態だろう。エイハブは神が彼に予定(プレデスティネイション)した宿命を成就しようと決意した人物、いや、それを成就する以外に選択の余地がないと観念した正統カルヴィニスト的人物ではないのか。すくなくとも彼は予表を反対には読まない。アルバトロス号とすれちがった瞬間、それまでピークォド号に寄りそうように泳いでいた小魚たちの群れは相手側の船に移動してしまう。エイハブはたしかにこれを凶兆と見てとる――「きさまら、おれから逃げるのか」と。そして小魚をさらっていったアルバトロス号などには、さっさと見切りをつけ、エイハブは声高らかに

「オモカジ一杯！　さあ、世界をめぐるのだ！」と号令をかける。ちなみに、その掛け声に対するイシュメールの反応はこうだ。

世界をめぐる！　なるほどこの言葉には昂然の気を鼓舞する響きがある。だが、この世界周航の旅はどこへ行きつくのか。数知れぬ苦難のすえに、出発点に戻るだけだ……もし世界が果てしない平原で、東へ東へと帆走すれば、とこしえに新しい地の涯に到達し、キクラデスやソロモン群島も及ばぬ、甘美にして奇すしき眺めを発見できるというのなら、この航海にも約束の光明があるというものだ。しかし、夢にみるはるかな神秘を追い、あるいは、時としてあらゆる人間の心をかすめて遊弋する魔性の幻に追いすがりつつ、ただ円い地球をぐるぐる回っていても、不毛の迷宮に迷いこむか、途中で滅び去るかのいずれかである。

いくらか議論の航路は外れるが、ここでイシュメールが「旅」を二つに分類しているところが興味深く、寸言を惜しむわけにはいかない。その一つは中途で破滅し坐折するのがさだめの無際限の直線の旅で、もう一つは無益にも出発点に戻るのがさだめの円環の旅である。この二つの旅のタイプはなんらかの探究が主題であるメルヴィルのすべての作品の分類に役立つ。『タイピー』『オムー』『レッドバーン』『白いジャケット』は円環の旅だ。そして『マーディ』は直線の旅。『白鯨』は……この問題はあとにとっておこう。

タウン・ホー号の物語(五四)――この章はGのなかでも特異な章である。その話の筋は別段ややこしくはないが、そのテキストの問題はややこしく一筋縄ではいかない。ピークォド号は洋上でこの船に出会い、みじかい往訪がおこなわれる。そのおりにタシュテゴが相手の船で内緒を条件で聞いてきた話を、その夜うっかり寝言でしゃべってしまったのでピークォド号の乗員の一部に広まった話を、イシュメールが南米はペルーの首都リマの宿屋で三人のスペイン人に語った話を、「語ったがままに」記録したのがこの物語である。そういう設定になっている。ところで、その話とはおおよそこうだ。タウン・ホー号上の筋骨逞しい「ハンサム・セイラー」スティールキルトなる平水夫(ビリー・バッドによく似ているし、『白鯨』から途中で蒸発するバルキントンにもいくらか似ている)が醜く嫉妬深い運転士ラドニー(『レッドバーン』のジャクソンや『ビリー・バッド』のクラガートにかなり似ている)に理不尽で侮辱的な扱いを受け、拳(こぶし)でこの上級船員の顎の骨を叩きこわすような重傷を負わす。これをきっかけに反乱が起きる。しかしそれも結局は鎮圧され、懲罰としてスティールキルトはラドニーにひどく鞭打たれる。彼はラドニーに復讐の機を窺うが、そこにモービィ・ディックが出現して、ラドニーを口にくわえて海中に姿を消す。この話自体は因果応報、勧善懲悪の物語、あるいはオーデンのように「モービィ・ディックは神の正義と恩寵の代行者で、彼が殺人者になることから救い、不正なラドニーに天罰を加えた」というキリスト教的アレゴリーとしても読めるし、またそう読んでも別に不都合はないが、われわれのさしあたっての問題はそのいいかい語られようにある。

すでに述べたように、この物語は語り手イシュメールの又聞きの又語りである。しかもそれが語られる場所は陸地であり、その時間は『白鯨』で起こるすべてのことがすでに終ってからのある時点である。別言すれば、この物語が語られる場は『白鯨』の主要なトポスである海の外であり、その時間はこの小説の時制からすれば未来に属する(ただしこの章の地の文の時制は過去)。そのうえ、この章が置かれている小説上のトポスは、その物語がまだ半ばにも達していない場所である。すなわち、すくなくとも一般に受け入れられている小説の建前としては、ピークォド号のゆくすえも、冒頭で「ピストルに弾丸を詰めるかわりに」海にゆくと明言する語り手の運命も、いまだ皆目わからないはずの段階において、イシュメールはこの話を、それが真実であることを「聖書にかけて」誓い、ラドニーの死後にスティールキルトにも会って話したことがあるとまで付言して、語るのだ。この物語は、物語内物語というより、むしろ物語外物語だ。

だが、そう言っておいて、またその逆を言うことになるが、むろん小説の時間は日常世界の時間とはちがう。小説の時間は、あえて撞着語法(オクシモロン)を用いるなら、共時的時間だろう。となれば「タウン・ホー号の物語」の時間は『白鯨』という小説そのものの時間に吸収・解消されていることになる。さらには、テキストの観点からすれば、この章は『白鯨』というテキストの外へはじき出されているのではなく、その内へ取りこまれていることになる。すなわち、これは主テキストに象嵌されたテキスト、物語内物語——例の入れ子細工、チャイニーズ・ボックスだが、それが一見そういう反対の結論に導かれるところに、この「出会い」の章の一筋縄ではいかぬ二重性がある。

だからひとまず、穏健な結論として、「タウン・ホー号の物語」は『白鯨』の諸章のなかでいちばん遊離性の強い毛色の変った章でありながら、同時に、いちばん『白鯨』そのもののテキストに膠着している、と言っておこう。文学史的な事実として、この章は『白鯨』出版以前にハーパーズ社刊『新月刊雑誌(ニュー・マンスリ・マガジン)』(一八五一年十月一日号)に独立した短篇として発表されている。これは、この章の遊離性を傍証するかもしれない。では、膠着性はどうか。この方は、事情がもっと複雑で、推理憶測の領域の問題になるが、それでも私の脳裡にわだかまって立ち去らない問題なので、ここで吐き出してしまいたい。それは端的には、「タウン・ホー号の物語」が『白鯨』の腹案のひとつではなかったかという憶測である。すなわち、一章から二二章までに語られている物語が「タウン・ホー号の物語」のように捕鯨と反乱を組み合わせた「冒険物語」に発展してゆくものとして作品が構想された一時期があったのではなかろうか、という可能性についての空想である。すくなくともメルヴィルは一八五〇年六月二十七日という時点で、英国の出版者リチャード・ベントリーに自分の「次作」を次のように売りこんでいる——「秋の後半までには新作ができあがる予定ですので、それを英国で出版する件について一筆啓上申しあげます。この本は南太平洋のマッコウ鯨漁業にまつわる奇想天外な伝説と、二年有余の銛手として私自身の体験にもとづく冒険物語 (a romance of adventure) です」と。むろん、この手紙の一節から「冒険物語」の内容まで推測することはできないが、こう言明しておきながら、『白鯨』脱稿までになお一年以上の年月を要したことだけは事実である。それにメルヴィルが船という小宇宙(ミクロコスム)で起こる反乱と、ラドニーのような天性の悪人と

スティールキルトのような無垢で天性の威厳をそなえた「アメリカン・アダム」との組み合わせに生涯執心していたことも否定しえない事実である。『白鯨』直前の『白いジャケット』にもラドニーのような下士官が出てくるし、メルヴィル自身の処女航海を下敷きにした『レッドバーン』に登場するジャクソンもその種の人物だ。『ベニト・セリーノ』(一八五五)はずばり反乱船物語である。遺作『ビリー・バッド』は蛇蝎のごとき下士官クラガートと無垢そのもののような「ハンサム・セイラー」ビリーの組み合わせによって起こる悲劇である。クラガートはビリーが謀反をたくらんでいると艦長に誣告し、その真偽をただされたビリーは怒りのあまり艦長の眼前でこの上官を撲殺し、ために軍規に照らして絞首刑になる——というのがその粗筋だが、メルヴィルは文字どおりこのテーマを晩年まで温めていて、ついに生前この作品は発表の運びにはならなかったわけである。

が、以上は傍証の傍証、空想の空想にすぎない。それは承知だ。しかし私の頭からまだバルキントンのイメージが去らない。彼は『白鯨』第三章に、その後いかにも活躍しそうな魅力的な人物として顔見せする。「背丈は六フィート豊か、肩は張り、胸は木箱(コファー・ダム)の足場さながらといった男だった。こんな筋骨隆々たる男は見たことがなかった。彼の顔は赤銅色に日焼けし、それと対照的に白い歯がきらめいた。しかしその眼は深い翳りをたたえ、憂愁なりし過去の記憶を物語っていた……」という調子で紹介され、これはいかにもメルヴィル好みの人物であるように思われる。だが、われわれが最後に彼を目撃するのはピークォド号の舵を取っている姿で、それは二三章「風下の岸」においてである。その章は「元気を出せ、元気を出せ、おお、バルキントンよ! したたかに耐えぬく

のだ、半神よ！　お前が大洋に滅ぶその飛沫から――おまえの神格は、まっすぐに、立ちのぼるのだ！」という告別の辞さながらの文句で結ばれる。この「十六インチの短章」は、メルヴィルがバルキントンを自作で生かせられないことを悟ってから、あるいはそうしないことに決めてから、手厚く葬るためにわざわざしつらえた「墓石なき墓」であったにちがいない。これはまたメルヴィルの頭に最初に浮かんだ構想に対する愛着と未練をも物語っていないだろうか。バルキントンの痕跡を『白鯨』から払拭しておくことも可能だったはずだのに、またその方が仕上げの美しさを重んずる普通の職業的作家なら選びそうな方策だのに、そうしなかったところがいかにもメルヴィルらしい遣り口だ――彼は自己の創作の過程、その変更の軌跡をその作品に残しておき、自作を「下書きの下書き」とも称した作家だ。

ジェロボーム号（七一）――この船は二重の意味で病いに犯されている、すなわち、本当の伝染病と、みずから天使長ガブリエルを名乗るシェイカー教徒の狂信とに。それに船名は瀆神をもって鳴る王ヤラベアム（『列王紀略』上一一・二八）に由来する。船長メイヒューは伝染病をうつすのを好まずピークォド号との直接の接触を拒み、ガブリエルは、エイハブが「シェイカー教の神の化身にほかならない」モービィ・ディックに復讐を誓う不信の徒であるがゆえに、両船の交歓はおろか、手紙の交換にさえ邪魔立てする。アルバトロス号とは交錯しただけだし、「タウン・ホー号の物語」はまったくエイハブの耳には届かないのだから、エイハブにとってはなんら予表的な意義はもちえな

かったわけだが、ジェロボーム号の船長は短艇に乗ってピークォド号の船べりにまで近づき、ガブリエルに邪魔されながらも、エイハブが求めた白鯨についての情報を伝え、その船の一等運転士メイシーがモービィ・ディックの犠牲になったことも教える。他船との接触の度合がしだいに緊密になりつつあることは確かである。が、ピークォド号がたずさえてきたメイシー宛の妻からの手紙を船長に手渡そうとすると、ガブリエルはそれを横取りしてピークォド号に投げ返す。両船のコミュニケイションは一方交通に終るわけだ。「かくして多くの手紙はその宛先にとどかないものだ……そんな手紙なら〈死神〉を配達夫に仕立てたほうがましだ」とはメルヴィル゠イシュメールの感想だが、ちなみに、ここには短篇「バートルビー」(一八五三年)の胚芽がある。

ユングフラウ号(八一)——つまり処女号、生娘号である。捕鯨船でありながら鯨日照りでその船倉は「空っぽ(クリーン)」、ランプをともす油にもこと欠き、デリック船長みずからが缶を下げてピークォド号に油を借りにくる。例によってエイハブは、まずこのドイツ人船長にモービィ・ディックの情報を訊く。ところがこの男は白鯨については生娘同然、なにも知らないのだ。エイハブはそんな男に用はない。油をくれてやってさっさと追い返す。と、そのとき、ほとんど同時に両船から鯨見ゆの叫びがあがり、それを合図に双方から捕鯨ボートが発進し、さっきの油の貸し借り勘定などはすっかりご破算にして、お互いに相手をののしりながら勇壮活発な捕鯨合戦が展開する。だが皮肉なことに、一頭の巨大な老いぼれ「レヴィアタン油差し(オイル・フィーダー)」を仕止めるのはピークォド号の側だ。やむ

なくユングフラウ号はまた別の鯨を追ってピークォド号の視界から消えてゆく――遊泳力抜群のため捕獲不能とされていたナガス鯨を追って。話の筋を追えばただこれだけのことだが、鯨に銛を打ちこみ、その索をゆるめたり、たぐったり、また静かに待ったりする捕鯨技術の描写は的確細心、それでいて獲物に対するいたわりの情にも欠けておらず、ヘミングウェイの『老人と海』などの原型がここにあるような思いがする。と同時に、この「出会い」の章には軽い風刺のタッチがあり、実際家でありながら(エイハブなどとはちがい、デリック船長は鯨を「油差し（オイル・フィーダー）」としか見ない)、捕捉不能な「観念」(ナガス鯨)を追うドイツ人の国民性が嗤われている。気軽に、面白く読める章である――エイハブの暗い偏執狂的なカルヴィニズムの心性と無縁な章だからか。エイハブはこのドイツ船との出会いによって何の影響も受けず、したがってそこに何の予表も見出さないのである。

薔薇の蕾号（ブートン・ド・ローズ）(九一)――この船については、鯨学の章との関連について述べるくだりですでに言及したので、簡単に一瞥するにとどめる。この章も軽く、明るいタッチで書かれていて、いかにもヤンキーらしい(ある種のマーク・トウェインの短篇をしのばせる)流儀でフランス人を笑いものにする。もし「出会い」の諸章を明と暗とで区別するなら、以上の二章、それに「若衆号（バチェラー）」の章が明に属し、他は暗に属するだろう。そして明の度合をも問題にするなら、この章が明度においては随一だろう。ともあれ、そういう明と暗のモザイク、喜劇と悲劇の混淆が「出会い」の章全体の図柄

で、それは『白鯨』全体についても言える。ピークォド号の悲劇的な最後に目をくらまされて『白鯨』全体を暗一色と思いこんではなるまい。エイハブでさえこう反省している――「わしは地球の暗い側に足を踏みこみすぎたので、その反対の側、つまり理論的には明るいはずの側さえ、おぼろげな黄昏にしか見えなくなっている」(一二七)と。ちなみに、これも地球という天体と観念との二領域を対応させる予表論的な物の見方だろう。

サミュエル・エンダービ号(一〇〇)――この英国船の船長ブーマーも、白鯨のせいで片腕をなくし、鯨の骨の義手をしている。エイハブが「白鯨を見たか?」と呼びかけると、ブーマーは「これが見えんかね?」と鯨骨の腕を振ってみせる。エイハブがさっそく相手の船に乗りこんでゆくのも当然だ。ちなみに彼が他船におもむくのはこれが最初で最後である。二人は骨の脚と骨の腕であいさつを交わし、その船の船医バンガーをまじえて話を交わす。むろんエイハブの目的はもっぱら白鯨についての情報を得ることにある。一方のブーマーはもう二度とモービィ・ディックと対決する気はない。

「奴[モービィ・ディック]の道筋に、それからはぶつからなかったのか?」

「二度ある。」

「銛を打ちこまなかったのか?」

「そんな真似はしたくもなかったね。片腕でたくさんじゃないか。この片腕もなくしたら、どうすりゃいいのかね。それに、モービィ・ディックは嚙むだけじゃなくて、呑みこむのも得意だと思いますな。」

「そうなら」とバンガーが口をはさんだ。「左腕を餌にして、右腕を取りもどすという案はいかがなもので?……」

「いや、まっぴらだ、バンガー」と英国の船長は言った。「もう呑みこんだ腕は奴に進呈する。いまさらどうしようもないからな。だが残った一本は進呈せんぞ。白鯨なんて、もうまっぴらだ。一度は奴のためにボートをおろしたんだ、それで余は満足じゃ。そりゃ、奴を殺すのが大した名誉だということはわかる。それに、奴には船がいっぱいになるくらいの上等の鯨脳油が詰っていることだろうさ。だが、いいかね、奴はほっておくのが一番よろしい。そうは思いませんか、船長」――と相手の鯨骨の脚に目をやった。

「そのとおりです。だが、それでもやっぱり奴を追わねばならんのです。ほっておくのが一番だけど、あの呪わしい奴はこっちの心を惹きつけるのも一番ですわ。奴はまるで磁石だ! 最後に奴を見かけたのはいつですか? どっちに向かってましたか?」

これはエイハブの「狂気」を英国流の常識の光で照らし出して見せるくだりでもある。風刺されるのは、今度はエイハブの番だ。それに、あの「後甲板」上での名せりふを、アメリカの水夫たち

を前にしてではなく、常識的な英国紳士の目前で語ってみせると、右のようなことになるのではなかろうか。これはエイハブ自身による名せりふの解説として読まれてよい。舞台役者がサロンで話しているようなものだ。むろん、名せりふとは、例の三六章「後甲板」の演説のことである。

「もう一度よく聞いてくれ――もうすこし深いところを。いいか、眼に見えるものはみんなボール紙の仮面にすぎん……人が打ってかかるのなら、その仮面を打ち抜け！　壁を打ち抜かずして、どうして囚人が外に出られようか。わしにとって、あの白鯨がその壁なのだ、そいつがわしににじり寄ってくる。ときには、壁の向うには何もないと思うこともある。だが、それでいいのだ。奴はわしに誘いをかけ、手招きする。奴のなかには兇暴な力が、測り知れぬ悪意に裏打ちされた力が潜んでいる。その測り知れぬもの、そいつがわしには憎くてならんのだ。」

いまかりに「測り知れぬ」としておいた原語は inscrutable である。だが、この測り知れぬ、予測しがたい、気まぐれな特質はなにもモービィ・ディックだけの特質ではない。それはカルヴィニズムの神の特質でもある。事実、メルヴィルはこの形容詞をエイハブの口をとおして神にも献上している。白鯨追撃戦が始まる前日、嵐の前の静けさのような章「交響楽」（一三二）で、エイハブは次のように語る。

「これは何ものか。いかなる、名状しがたい、測り知れぬ、この世ならぬものが、いかなる欺瞞の見えざる主人が、暴虐残忍の皇帝が、わしに命令して、わしをあらゆる本然の愛と情にそむかせ、この身をたえまなく突っこみ、押しこみ、ぶつからせてゆき、わしの正しい本来の心では夢にも思いがけぬことに、愚かにもいそいそと立ち向かわせるのか。エイハブは、はたしてエイハブか。この腕をいまあげるのは、わしか、神か、それとも何ものか。しかし、もし雄偉な太陽もみずから動くのではなく、天の使小僧にすぎぬとすれば、また、ただ一つの星とても、何かの見えざる力によらずしては回転せぬとすれば、このちっぽけな一つの心臓が鼓動し、このちっぽけな頭脳が思索するのも、ただ神がその鼓動をさせ、その思索をさせるからのみであり、生をいとなむのは、わしではなく神であろう。神かけて言うが、わしら人間はこの世においては、あそこにある揚錨機(ウインドラス)みたいに、ぐるぐると廻らされていて、運命が梃子なのだ。」(傍点付加)

エイハブが国に残してきた妻子を思い、熱い「一滴の涙を太平洋に落とした」のはこの章であること、スターバックに自分の愚かさを告白し、この正直な運転士にエイハブが翻心するのではないかと希望を抱かせたのもこの「交響楽」の章であることを思い出しておこう。つまり、エイハブがいちばん素直に、正直になって本心を語るのがこの章なのだ。さて、そのうえで言うが、エイハブは神を憎むとは言っていないけれども、測り知れぬ、気まぐれな存在だとは言っているのだ。すくなくともその点で、モービィ・ディックは神と等号で結ばれる。いや、モービィ・ディックはエイ

ハブにとって神の象徴なのだ、と言ってもよい。

「もしわれわれが神に従えば、自分自身に背かねばならない。この自分自身に背かねばならぬところに神に従うことのむずかしさがあるのだ」(九)とはマップル神父の説教の一節である。正統カルヴィニズムの教義を、またそれを奉ずることの難儀を、これほど平明かつ端的に言い当てている文句はまたとあるまい。カルヴァンの教えを遵守するオランダ改革派教会の宗旨のもとに育ったメルヴィルならではの一節だ。そして、次のエイハブと船大工の対話(一二七)の一節も、エイハブの、ひいてはメルヴィルの、神の見方をみごとに伝えている。エイハブは船大工に「お前は神のように勝手気まま(unprincipled)で、そして何でも屋だ(a jack-of-all-trades)」と言う。すると船大工はこう答える――「でも、わしは別にどうしようというつもりもないんでがす。ただ、こうしてるだけなんで(I do as I do)」と。それに対して「そこが神なんだ」とエイハブは合いの手を入れるが、これはメルヴィル自身の神の身勝手さについての思い入れでもあったろう。

若衆号(バチエラー)(一一五)――メルヴィルに「独身者(バチエラー)の天国と乙女の地獄」(一八五五)という短篇があるが、このバチェラー号は、その板子一枚下は地獄であるにせよ、鯨油を満載して帰航の途につく幸運な船である。船内は飲めや歌えの大騒ぎ。ピークォド号の乗員にも、ともに歓を尽そうと来船を歓迎する。が、そんな船にも、エイハブは関心がない。誘いを断わり、エイハブはこう言う――「ばかっちゅうもんは、なんとも気前がいいもんだわい……大漁で帰航だといったな。わしのは空

っぽで出かけるところだわな。だから、お前はそっちをゆけ。わしはこっちをゆく」。わが道をゆく、というわけだ。むろん、おのれの宿命を成就せんがために。

レイチェル号（一二八）――これはナンタケットの船で、その船長ガーディナーとエイハブとは顔見知り。

「白鯨見たか！」
「ああ、きのう見た。流れた捕鯨ボート見たか？」

これは両船が交わす最初の言葉だが、その問いの所在はいすかの嘴（はし）のようにくいちがっている。すぐさまピークォド号に乗りこんできたレイチェル号の船長は、前日に白鯨と遭遇し、そのさい二艘のボートをうしない、行方不明者のなかには自分の二人の息子も含まれていることを告げ、捜索に協力してくれるようエイハブに嘆願する。しかしエイハブは、「エイハブにはエイハブなりの人間性がある」（一六）にもかかわらず、また心動かされなかったはずはないのに、この申し出を、冷然と、そして断固としてしりぞける――「ガーディナー船長、わしはごめんこうむります。今の一刻も失っているのだ。さよなら、さよなら。神の恵みが君にありますよう、そして、わしの許しはわしが願うことにするが、とにかくわしはゆかねばならぬ」と。エイハブは、レイチェル号の事態か

らいかなる「警告」も教訓も受けとるつもりはないのだ。ただ「予測しがたい」神の用意した予定の航路をゆくのみ。レイチェル号は「うしなわれた子らのために嘆く」(『エレミア記』三一・一五)レイチェルさながらに、嘆き悲しみながら、行方不明者を捜してジグザグ航行をつづけ、ピークォド号は一直線に白鯨のあとを追う。この悲しみの船は、その名を裏切っていない。そういえば、ピークォドという船名も、白人によって殲滅させられたインディアン部族の名に由来する。予表の成就は間近い。

歓喜号(デライト)(一三一)——今度は逆だ。名は体をあらわさない。この船は白鯨との合戦で五人の屈強な男をなくし、その一人の水葬を果そうとしている。ピークォド号はこの歓喜号に背を向けるように、船足をはやめてその場を立ち去ろうとする。だが、遺骸が海面を打つ音からは逃げきれない。エイハブはこの予兆から逃がれようとしたのか——すくなくとも歓喜号の者たちはそう受けとる。棺桶の救命ブイを船尾にぶらさげてレイチェル号に後を見せるピークォド号に、こういう嘲りが浴びせかけられる——「おーい、そっちの船のもん、こっちの悲しい葬式から尻に帆かけて逃げようったって無駄じゃわい。お前らの尻のところにゃ、棺桶が見えちょる」と。

このように見てくると、なるほど「出会い」の章が『白鯨』の肉に対する骨格であることに納得がいこうが、Gの各章はこの物語の進行を示すタコグラフにおける緩急の加速度が加わる力点のよ

うにも見えてくる。比喩の正確さが心配なのでもう一度言いなおせば、この物語は最初は速く、中ほどはゆったりと、そして最後はまた速くすすむが、Gの各章はそういう物語の進行ぶりや盛りあがりになんらかの意味で見合う配置になっており、逆に言えば、そのように物語が運ぶような役割りを果していることは確かだろう。

4

劇

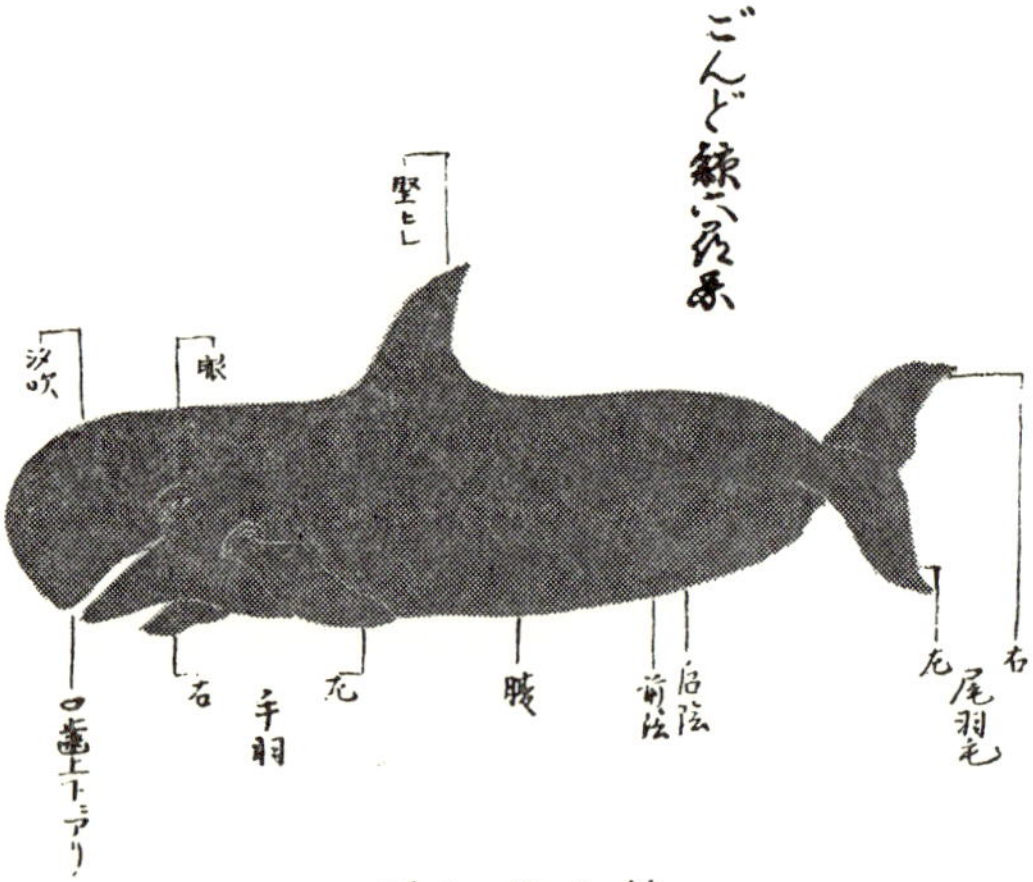

ゴンドウ鯨

純粋劇形式の章(D)および劇と物語の中間ないし混淆形式の章(d)は、鯨学の章(C)や「出会い(ガム)」の章(G)がほぼ『白鯨』全体にわたって散在しているのに対して、はっきり前半と後半に分かれて分布している。もっと具体的には、前半の劇形式の諸章(「前劇章」と呼ぶことにする)は二九章から四〇章のあいだにおさまっており、後劇章(そう呼ぶことにする)は一〇八章から一二九章の間にかたまっている。前劇章は、イシュメールたちが陸地での冒険を終えて上船したピークォド号がまだ大西洋上を航行中で、本格的な「捕鯨冒険ロマンス」がまだ始まらない小説上のトポスに位置している。ちなみに、ピークォド号は、最初は南米南端のホーン岬まわりで太平洋に出る予定で、そのとおり南下していたのに、どういうわけか四四章「海図」の時点で突如航路を変更して喜望峰まわりで太平洋に出ることになる。またちなみに、この捕鯨船が最初に捕鯨業務をおこなうのは四八章においてである。つまり前劇章は本格的な捕鯨劇が開始するまえに、船長エイハブを頭目とする

その主役たちの性格、エイハブの特定の鯨モービィ・ディックに対する怨念、そういう船長の怨念やその鯨に対する輩下たちの反応や見方などの紹介をかねて「ロマンス」の盛り上がりを準備する序章だろう。劇形式の諸章(D・d)の筆頭にくる章は、つまり「物語」に「劇」が最初に導入されるのは「エイハブ登場、つづいてスタッブ」という芝居のト書きがそのまま題名になっている二九章である。そしてここでエイハブと二等運転士スタッブとの性格が対比されている。(これはまた「物語」から「劇」への移行と導入を見るためには重要な章でもあるので、あとで再検討したい)。三〇章「パイプ」はエイハブ独白の章。三一章「クィーン・マブ」は二人の運転士スタッブとフラスクの掛けあい漫才的な独壇場。三三章「銛手頭(スペックシンダー)」、三四章「船長室の食卓」、三五章「檣頭(マストヘッド)」は、それぞれ捕鯨船における銛手の重要性、その特権的な食事風景、檣頭における見張りの任務について述べる章。そして船長エイハブが全員集合をかけ、本捕鯨航海の真の意図を明かし、乗組員を鼓舞し扇動する前半のクライマックスの章「後甲板」(三六)がくるわけだが、その次の三七章「落日」はエイハブだけが、三八章「黄昏(たそがれ)」はスターバックだけが登場する前半のアンチクライマックスをなす内省的な章になっている。そしてこれらの劇章のあいだに三二章「鯨学」がぽつねんと挿入されていて、これが鯨そのものについてばかりか、『白鯨』という書き物自体についての予備知識を読者に準備する章であることはすでに見た。また三九章「初夜直」は前檣頭におけるスタッブ独白のシーンであり、四〇章「夜半の前甲板」はこれまで出番がなかった端役全員にその機会を与えるといった趣の場面で、これが前劇章のしんがりを務める。その次はイシュメールの立場か

らするエイハブの白鯨についての見方を記述しコメントする四一章「モービィ・ディック」、そのまた次はイシュメール自身の白鯨の見方を開陳する四二章「鯨の白さ」である。作者メルヴィルの、いわばエクリチュールの海における捕鯨の仕度は、まことに周到ではないか。

後劇章は、前劇章の「後甲板」に匹敵する後半のハイライトをなす九九章「スペイン金貨」から、いちおう一二九章「船長室(キャビン)」までつづくが、ここでいちおうと断わるのは次の一三〇章「帽子」も、一三二章「交響楽」も、それから白鯨追跡が始まる一三三章から一三五章までの三章も、記述の様式を問わねば、内容的には劇章に分類してよい諸章だからである。ところでこの後劇章が位置する小説上のトポスだが、それはピークォド号がスンダ海峡を通過して(八七)太平洋に入り、「憎むべき白鯨がいましも遊弋しているであろう……日本の海域に向かって走っている」(一一一)頃から始まり、さらに「禁断の日本諸島」(同上)沖から赤道に向かって南下し、白鯨に遭遇する直前(一三〇)まで――ということになる。だから、その各論はあとにまわすことにするが、これがこの小説の劇的結末を準備し、その効果を高揚するための諸章であることは明らかだろう。しかし、小説の劇的効果を高めるために小説において劇形式の章を用いる謂れまでが自明なわけではない。これは小説家としてのメルヴィルの特殊な生理と、哲学と、そして「時間よ、体力よ、現金よ、忍耐よ」(三二)にまでかかわる問題であろう。だからこそ、『白鯨』の文学作品としての評価が微動だにせぬほど確立した時期においてさえ(またそれだからこそ)、R・P・ブラックマーのような明敏な批評家でさえ(また明敏な批評家だからこそ)、一九五五年という時点でこう指摘する――「メルヴィルは

様式(フォーム)としての小説になにものも付け加えなかったし、彼の作品にはフィクションの様式上の手法を上手に使いこなしているものはひとつもない。大方の偉大なフィクションの書き手とはちがい、彼は後世の作家になんらの〔様式上の〕遺産も残さなかった……彼が真似しがたいというのではない、彼の作品にはそれを真似し、改良し、完成するにたる様式上の組成が欠けているのだ……メルヴィルが後世の作家に影響を与えなかった理由の一部は、一連の技術上の欠陥にあるのではなかろうか……『モービィ・ディック』において語るべき材料が枯渇したのであり――それは物語としての『ピエール』が破産しているということの別の言い方でもあるが――もはや物語を語る必要がなくなったのだ」(「ハーマン・メルヴィルの技法――試論」〔リチャード・チェイス編『メルヴィル』、プレンティス・ホール、一九六二〕と。まったく当っていないわけではない。体質的に似ているのではないかと思いたくなるジョーゼフ・コンラッドでさえメルヴィルにいささかの共感も示さなかった。彼はある手紙で「最近、私は『白鯨』を手にした。読んだ印象は、捕鯨をテーマとした、わざとらしい叙事詩という感じであって、全三巻のうち、ただの一行も、真摯な文章に出会わなかった」(サー・ハンフリー・ミルフォード宛、一九〇七・一・一五)と書いている。日本の捕鯨に深い共感をいだき、「日本の鯨とりに関する小説を書くべく、苦しいほどゆっくりしたペースで長冊を書き、調べ、練りあげ、検討を重ねている」日本在住の現代作家C・W・ニコルも『白鯨』という作品のみならず、「ハーマン・メルヴィルそのものにも、ほとんど耐えられない」と拒否反応を示し、「『白鯨』に対する異端的見解」(大橋健三郎編『クジラとテキスト』、国書刊行会、一九八三)を発表した。むろん、この

種の真摯な異説は当今では、むしろ希少価値がある。たしかに、今日でもメルヴィルの影響を受けて小説家になった作家を捜すのはむずかしい。「枯渇した」ことを逆手にとってむしろ豊饒な作家活動をしている現代アメリカの作家ジョン・バースでさえ、短篇「夜の海の旅」でポーの『アーサー・ゴードン・ピムの物語』の、また『旅路の果て』（一九五八）ではホーソーンの『緋文字』のパロディをこころみているけれども、『白鯨』のそれはこころみず、その「枯渇の文学」（『サーフィクション』前出）では先達としてベケットとボルヘスを挙げているが、メルヴィルは挙げない。

　ところで、なぜメルヴィルは、小説の形式上の制約を無視してまで、その小説に劇形式の章を数多く挿入したのか。『白鯨』執筆中にメルヴィルがシェイクスピアを再読し、いたく感銘を受けた事実がいくらかそれを説明するかもしれない。が、あくまでもいくらかであるにすぎない。しかし、ここであまりむずかしく考えるのはよしたい。小説はもともと様式上の制約からきわめて自由な芸術のジャンルである。メルヴィルは一人称の人物が語り手である小説の窮屈さに反抗し、かといって安易に全知全能の第三人称の視点を導入する気にもならず、それでいて見るべからざるものを見、聞くべからざることをも聞きたく、みずからがそういう書き手になって、自作を巨鯨のごとくふくらませるために劇形式による書き方をも採用したのだろう。あるいは、そうした結果、そうなったのだ。「私はあらゆることを試みる。成功は訪れるに任せる」とはある鯨学の章（七九）に見られる言葉である。これはメルヴィルが『白鯨』を書きながら自分自身を納得させるために言いつづけた言葉でもあったろう。

さて、そこで劇章の先頭に位置し、「物語」に「劇」が導入されることになる最初の章「エイハブ登場、つづいてスタッブ」(二九)を、主としてテキスト上の観点から見直してみたい。その最初のパラグラフは「数日がすぎ、氷と氷山もすべてあとにして、ピークォド号はエクアドルの首都キートのそれのように明るい春の陽光のなかを、たゆとうがごとく走っていた」と始まり、そのような天然の諸要素が「いやましにエイハブの生地に働きかけた」(more and more they wrought on Ahab's texture) と閉じられている。ところで、この最後の訳文は、このままではほとんど日本文として通用すまい。Texture の訳語としての「生地」がこの日本文の文脈になじまないからだが、しかし、原文でもさほど文脈になじんでいるとは思いがたい。むしろ唐突だ。そうなら、ここにメルヴィルの思い入れたっぷりの「書く」ことの比喩を読みとらないわけにはいくまい。が、これ以上講釈めいた御託を並べるより、本書の読者には texture がそれから派生している text なる語の成り立ちについて辞書から引き写しにしておいたほうが、よほどわかりがよかろう。研究社『新英和大辞典』は texture の項の末尾に [L *textūr-(a)* web, fabric, structure (*text*+*ure*)] と記す。ついでに text の項のも引いておく——[ME, OF *text-(e)*, ML *textus* wording (of the gospel), L,=texture, structure, context (f. p.p. of *texere* to weave)]. テキストとは、つまるところ、「織る」を意味するラテン語に由来しているということだ。坂下昇のこの部分の訳は「いよいよ深く、いよいよ霊妙にアハブの縦糸横糸をたぐっては霊妙な綾模様を織りなおしていたのであろう」(国書刊行会、一九八二)となっているが、このような「意訳」が正当化されうるのは、以上のようなコ

ンテキストにおいてであろう。
この冒頭のパラグラフの次にくるのが以下に引用するパラグラフだ。

> 老人は眠ることが少ないものだ。ながらく生命(いのち)と連れそってきたので、死に似たものとはなるたけ交渉を持ちたくないというのだろうか。海の指揮者たちのうちでも、白髪の老骨となると、まことにしばしば、早々に寝床を起きだしてまだ夜の帳(とばり)に包まれた甲板を訪れるものだ。エイハブがそうだった。いや、近頃は外にばかり暮らしているものだから、船長室から甲板を訪れるというより、甲板から船長室を訪れるといったほうが真実に近かろう。「わしのような老船長がこんな狭い昇降口(スカトル)を降りて、墓穴みたいな寝床にゆくのは、自分の墓に死ににゆくような気がするわい」とひとりつぶやくのであった。(傍点付加)

エイハブのこのような早暁の行動を、まだ年若く、擬似死であるところの睡眠との付き合いにことのほか執着するはずのイシュメールは目撃したのだろうか。エイハブが「ひとりつぶやく」のをいつも耳にしたのだろうか、いや、しえただろうか。原文は "he [Ahab] would mutter to himself" だが、この would についてわが受験参考書は「過去の習慣を表わす」と教えるのを常とする。となれば、これは登場人物兼語り手イシュメールがその分限を逸脱しはじめる瞬間の記録でもある。

そして次の第三パラグラフでは、イシュメールは第一人称の語り手としての分際をいっそう逸脱

して全知全能の第三者に、さらには劇作家（ドラマチスト）へと変身してゆく。その変身のあとをたどるためにも、またエイハブがまったく他人への配慮に欠ける正真正銘の狂人ではないことを承知しておくためにも、いくらか長くなるが、このパラグラフもまるごと引用しておく。

そういうわけで、ほぼ二十四時間ごとに夜直が置かれ、甲板組の者たちが下で眠る仲間のために見張りにつくとき、船首楼にロープを投げる必要があっても、水夫らが昼間のように手荒らに投げたりせず、友の眠りをかきみだすのをおそれてそっと所定の位置に落とすとき、つまりこの種の静けさがあたりを支配しはじめるとき、無言の操舵手は船長室の昇降口を見まもるのがいつもの習慣だった。するとほどなく老人があらわれてくるのだ。鉄の手摺りにすがっているのは、びっこの足をかばうためか。なにほどかの思いやりぶかい人間味がこの老人にもあるのだ。というのは、こうしたとき、彼は後甲板を歩きまわるのをひかえるのが常だったからである。それも道理だ。疲れはてた運転士たちが憩を求めているのに、その六インチほど上のところにエイハブの鯨骨の踵が近づいてきたら、その骨の足ががたがたと鳴る響きは、彼らの夢には鮫の歯ぎしりともきこえよう。しかし一度だけ、そういう下（しも）じもへの配慮も忘れるほどの腹の虫がおさまらないときがあって、エイハブは手摺りから主檣（メインマスト）までびっこの足で歩いていったとき、例のひょうきん者の二等運転士のスタッブが下からひょっと顔を出し、いくらか自信なげな、なじるような諧謔調で言ったものだ――エイハブ船長さんが甲板をお歩きになりたいとおっしゃるのなら、だ

れもいやとは申しませんが、なんとか騒音防止策も講じていただけないものでしょうか、と。そして遠まわしに、ためらいがちに言ったものだ——麻くずの玉を一つか二つ、鯨骨の踵に詰めてはいかが、と。ああスタッブよ、そのとき汝はエイハブを知らざりし！

これを聞いてエイハブは烈火のごとく怒り、「下がれ、犬めが、犬小舎へ下れおれ」(Down dog, and kennel!) とののしる。むろんスタッブは「そういう口のきかれかたには慣れていない」と抗弁するが、エイハブは馬耳東風、いや、それどころか「驢馬（ろば）」(donkey)、「騾馬（らば）」(mule)、「頓馬（とんま）」(ass) とやりかえすばかり。そのただならぬ気迫におされてスタッブはおずおずと退散し、こうつぶやく (muttered Stubb) のだ——「おれとしたことがどうしたというのだ。あんなことを言われて、一発がんと喰わせてやらなかったことはないんだがな」と。そしてスタッブは長い引用符のなかで、この章の終わりまで、ながながとひとりぼやき、つぶやく。

この章を受けて、三〇章「パイプ」は「スタッブが去ると、エイハブはしばらく舷牆にもたれかかっていたが、このころの習慣で、当直の水夫を呼びつけて鯨骨の椅子とパイプを持ってこさせた」と始まる。そして間もなくエイハブは「さてどうしたことだ」という嘆息とともに独白を始め (“How now,” he *soliloquized* at last, ……)、「こんなパイプに何の用があるのか。こんなもの、静けさを味わいながら、おだやかな白い煙をおだやかな白い髪の毛にまつわらせる道具で、わしみたいな乱れに乱れた暗い灰色の髪の毛になびかせるものじゃないわい。もうタバコはやめた——」

という劇的なせりふとともに火のついたままのパイプを海に投げ棄てるという劇的な身振りをする。そして次にくるのは最初の一行だけが地の文で、あとはすべて引用符にかこまれたせりふからなる三一章「クィーン・マブ」である。

しかし様式的に完全な芝居仕立てに近づけば近づくほど、当該の章の内容もまた劇的になるというわけではない。むしろその逆である。限りなくDに近い「クィーン・マブ」の章も、その他のDの章も、『白鯨』においてはさほど劇的な章でも印象深い章でもない。むしろ、万人の認めるところにより、この小説の圧巻は三六章「後甲板」のようなdの章である。『白鯨』が小説であるという事実にかんがみ、それはそうあるべきだという気がしないでもないけれども、しかし、劇的とは何か、小説のなかに劇的要素や様式が混入してくるとは小説にとってどういうことか——そういう問題はすこしも明らかになっているわけではない。だから、これからはそういう問題にも照明を当てるよすがにもなるように劇章の検討をつづけたい。が、そのためにも、次に三六章の冒頭を表題も含めて引用してみる。

第三十六章　後甲板

〈エイハブ登場、つづいて全員〉

あのパイプの一件があってからまもなくのこと、ある朝の食事をすますとそこそこに、エイハブはいつものように船室舷門（キャビン・ギャングウェイ）を昇って甲板に出てきた。ちょうど田園の紳士が朝食のあとで庭園をしばらく散歩するように、たいていの船長もそのころ出歩くものだ。

これは一見なんということもない章の書き出しであり、記述である。しかし「あのパイプの一件があってから……」というテキストの断片は、それを『白鯨』というもっと大きいコンテキストのなかに差し戻して読むとき、さほどなんということもなくはないのである。「パイプの一件」とは、すでに言及したように、六章まえでエイハブが愛用のパイプを海中に投ずる所作のことであり、そういう場面が発生する三〇章はわれわれの分類による準劇章(d)であるが、その件にわざわざ言及してこの章を始めるということは、先行する劇章から、その劇的雰囲気もろとも、すでにかなり劇的人物と化したエイハブをこの章の甲板(舞台)上に拉致し引用してくることである。そのせいか、本章のピークォド号の甲板にはたちまち舞台の気配がただよいはじめる。エイハブは眉間に深い皺を刻んで生きた足と死んだ足とで甲板をせわしく歩きまわる。それを見てスタッブは「おい、おやじを見たか、フラスク、ひよこがおやじの胸のなかでかえって、殻をつついているぜ。いまに飛び出すからな」とささやく。みごとな前触（さきぶ）れだ。と、やがて、エイハブ船長は「全員船尾へ！」と号令を発する。そして、さながら合戦をまえにした武将のように、彼は船員たちに「みなのもの、鯨を見たらなんとする？」と問いかける。「叫（おら）ぶんだ！」という勇壮な返事。こういう掛け合いをく

りかえすうちにエイハブの熱狂はしだいに乗組員たちに乗り移り、この船長が白鯨を見つけた者には金貨をくれると言明し、それをマストに打ちつけたときには、彼らの熱狂はその極に達し、「万歳！」の歓呼があがる。つづけてエイハブはこの特定の鯨モービィ・ディックに対する敵意をむき出しにし、復讐を誓い、一同の賛同と協力を求める。だが一等運転士スターバックだけは「物言わぬ獣に恨みを抱くなんて、エイハブ船長、冒瀆です」と諫める。が、さような諫言は次のエイハブの大演説の呼び水になるだけ。このくだりは途中をはしょってすでに引用してお目にかけたが、今度は間引いた部分を補い、引用した部分をはしょり、まったく引用していない部分を補充しよう。このさわりを引き合いに出さない『白鯨』論はまずあるまい。私の場合も例外ではない。

「もう一度よく聞いてくれ――もうすこし深いところを。いいか、眼に見えるものはみんなボール紙の仮面にすぎん。しかし、どんなことにも――疑う余地ない生の行為においては――その理不尽な仮面の背後から、何かは知らぬが、なお理にかなった何ものかが、ぬうっと姿をあらわしてくるのだ……あの白鯨が何かの代理であろうと本尊であろうと、わしはこの憎しみを奴にぶちまけてやる。いいか、わしに向かって冒瀆などとほざくじゃない。もし太陽がわしを侮辱するなら、わしは太陽にでも打ってかかる。太陽がそうするのなら、わしもそうしてやって悪いはずはなかろう。生きとし生けるもののうえには嫉みが支配しているとはいえ、そこには一種のフェア・プレーがあってもいいではないか。だが、わしが従う主（しゅ）はそのフェア・プレーでさえないの

じゃ。されば、いったい誰がわが主か。真理には際限がない。そんな眼でわしを見るな。まぬけ面で見られるのは、悪魔に睨まれるより我慢がならんわい！　ほれほれ、おまえ赤うなったり青うなったりしとるな。わしの癇癪がうつっておまえまでが、かっかとしてきたな。だがな、スターバックよ、かっとして言ったことは、それ自体に責めはない。その人からはげしい言葉を浴びせかけられても、さして恥辱にならぬ人間もいるのじゃ。わしはおまえを怒らせようとしたわけじゃない。水に流せ……」

これは並みの捕鯨船の船長が吐くせりふではない。もしこのような大演説が、実際にありそうなことをそれらしく書くことを身上とする小説でなされたとするならば、とてもわれわれは不信の念を押さえかね、その芝居がかった大仰さに辟易して本を投げ出してしまうところだろう。しかし『白鯨』でそういうことが起こらないのは、その場面が芝居仕立てになっているからだろう。しかもその芝居とは、ライオネル・エーベルがその『メタシアター』（コロニアル・プレス、一九六三）で「その事件や人物が劇作家の発明にかかわるものであり、発明のあるところ発見はつきものだから、そういう事件や人物が発見されたにしても、それらは劇作家が世界を観察することによってではなく、世界を想像することによって発見したのであることをある種の芝居だけが一挙に納得させてくれる」といった文脈においての芝居である。これはエーベルが劇においては『ハムレット』、小説においては『ドン・キホーテ』を嚆矢とするメタシアターとしての芝居のことであるが、そういう

芝居に共通する特色は「すでに劇化されたものとしての人生についての芝居」であるところにあり、そこに登場する「人物はみずからが劇作家であって、自分が元来おかれた状況ばかりか、その他の状況や人物たちをも劇化するのである」。ところでメルヴィル自身もその『詐欺師』(一八五七)の四四章「前章の最後の二語 [QUITE AN ORIGINAL]」を議論のテキストとするものであって、この章を読みとばさない読者の注意をかならずや多少とも引くにちがいない章」という長ったらしく、かつきわめてテキスチュアルな題名の章で、フィクション上の「人物がハムレットやドン・キホーテやミルトンのサタンがそうであるような意味で独創的であることはめったにない」と断定してから次のように述べている。

一般に独創的だと考えられているフィクション上の人物はどこか個性的(パーソナル)なところがあるだけである——自己に閉じこもっているところがあるだけである。そういう人物は、その個性を周囲に発散しない。ところが本質的に独創的な人物は、回転するドラモンド光のように、その光源から周囲のすべてのものに光を放つ——すべてはそれによって照らし出され、すべてが活気づけられ、すべてがそれに向かって反応する。

要するに、メルヴィルのいう独創的人物とは、その人物が置かれることによって形成される場にあるすべてのもの、すべての人物を鮮明化し、活性化し、方向づけ、吸引し、いうなれば異化するた

ぐいの人物である。そうなら、エイハブもまたそういう人物の一人ではないか。ハムレットやドン・キホーテがそうであるように、エイハブはみずからを創造し、演出し、振付けする自分自身の劇作家、演出家、振付師であって、おのれの宿命(プロット)をよく承知しており、自分の役柄を演ずべき場面をみずから捜し求め、その場の状況が役柄にとって不足となれば、ドン・キホーテが風車に挑んだときのように、想像力によって現実の方を改変するのをためらわず、挫折にもひるまず、破滅をも辞さないのである。

　以上の文脈で右のエイハブの演説を読みなおしてみるなら、これは「理にかなった」議論というよりは、自己を劇化すると同時に他をも劇化する演技とみえてこないか。その語るところは一見きわめて深遠、その語り口はまことに雄弁だが、その「もうすこし深いところ」をみると、そこにはなにもないのではないかという思いもする。が、そのからくりのすべてもまた語られていることがわれわれをおびやかす——「ときには、わしだって、その向う側にはなにもないと思うこともある」と。エイハブはエイハブのからくりを知っているのだ。エイハブはエイハブに対して意識的なのだ。そうなら、われわれもまたそれを承知のうえでエイハブの議論をいくらか筋道立てて追ってみる必要もあろうというものだ。エイハブにとって、あらゆる可視的対象は、白鯨も含めて、真理を隠蔽する「仮面」である。ところで、この「仮面」ないし「壁」を突き破ってその背後にある「理にかなった」ものを探求するのが過剰な知を持ってしまった人間のせんない宿命である。しかしエイハブは現象の彼方には何もないかもしれないことは認めながら、たとえ鯨が「手先」(仮面)であ

ろうと「本尊」(実体)であろうと、その不可知性に対する反応には変更がないことをみずから決めてしまっている。いずれにせよ、エイハブは世界の測り知りがたさに焦だち、世界の「悪意」に立ちむかっていく決意なのだ。エイハブは世界という舞台で演じられる不条理劇の主人公であると同時に、その劇作家でもあり演出家でもあるのだ。

三六章「後甲板」につづく四章は完全に戯曲仕立ての章であり、これが前劇章をしめくくる。ところで「後甲板」はいわばこの四章の地下水脈をとおって悲劇形式の章である四一章「モービィ・ディック」に直接つながる。

次はその冒頭である。

この私、イシュメールも、あの乗組の一人だった。私の叫びは他の者の叫びとともに立ちあがり、私の怒号は他の者の怒号にないまじった。いや、心中の恐怖のために、私は人よりも大声で叫び、人よりもはげしく執拗に怒号した。狂気じみた、不可思議な、琴線に触れる感情が私をとらえ、エイハブの癒しがたい敵意は私自身のものとさえ思えた。

これはエイハブの自己劇化が他人の劇化にどれほど寄与するかについての証左として読まれてよい一節だろう。

後劇章の筆頭にくるのはdの章で、九九章「スペイン金貨」である。ある朝、エイハブはみずか

スペイン金貨

ら懸賞としてマストに打ちつけたスペイン金貨のまえで足を止め、そこに刻まれている不思議な図柄や文字を「新たに興味をひかれたかのように」解説しようとしている。地の文によれば「あらゆるものには何がしかの意味(シグニフィカンス)がひそんでいるものだ。そうでなければすべてのものはほとんど無価値で、この円い地球にしたところが、一つの無意味な記号にすぎない」からだ。この金貨は REPUBLICA DEL ECUADOR: QUITO という文字に囲まれ、その図柄にはアンデスの三つの峰らしきものがみえる。その一つからは火が噴き出し、一つには塔がそびえ、もう一つにはときを告げる雄鶏が立つ。その上をおおうのは十二宮図の一部で、太陽は天秤宮(リブラ)の春秋二分点に入ろうとしている。

「この赤道の国の金貨をまえにして、いまエイハブはたたずんだが、見ている者がいないわけではなかった」のである。だからエイハブがこうつぶやくのも聞こえる――「三つの峰は悪魔(ルシファー)のように傲慢だ。ゆるがぬ塔、あれがエイハブだ。火を噴く山、あれがエイハブだ。豪胆不屈の勝ちほこる雄鶏、あれもエイハブだ。それにこの円い金貨はもっと円い地球の似姿にほかならず、それは魔術師の鏡のように、ありとあらゆる人間の鏡となってそれぞれの神秘的な自我を映し返すのだ」と。たしかに金貨はエイハブのおそるべき唯我主義を映し出している。次にやってきて「ひとりつぶやく」のは一等運転士スターバックだ――「ひとつ読み解いてみるか。三つの天にそびえる山の

あいだの暗い一つの谷間、あれは三位一体の地上的な象徴だ。そうなら、この死の谷にあるわれらを、神はへめぐって守りたまい、われらの暗闇の上に、正義の太陽があまねく照らし、目標と希望を与えてくださるのだ」。敬虔なスターバック。そこへスタッブも登場して「独白する」——この二等運転士はスペイン金貨を「人間の一生を始めから終わりまで書いてある」一種の暦として読む。三等運転士フラスクにとって金貨はただ「葉巻九百六十本」分の商品価値を有する貨幣にすぎない。クィークェグにとって金貨は「王様のズボンからはずれた古ボタン」といったところ。鯨の追跡中に短艇から投げ出され、長時間海にただよい「神の足が織機の踏み台におかれているのを見て」(だが、なぜ織機か?)気が狂った黒人少年ピップはただ "I look, you look, he looks; we look, ye look, they look." とくりかえすばかり。これはピップによるバークリーの "Esse est percipi" (存在するとは知覚されることである)の解題か。スペイン金貨は問題ではない、それを見る者が問題なのだから。十人十色に解釈するのをみて、スターバックも、「ほら、また新解釈だ」。だが原文はひとつ」とつぶやく。われわれのやっていることもこれに似ていないか。

この次にくるdの章は一一三章「ふいご」である。ここでエイハブは鋼材としては極上の蹄鉄の古針を十二本ばかり鍛冶のパースのところに持ちこみ、それを「一本の織糸」のように練りあげ、白鯨用の銛をきたえさせる。そして鋼の尖ができ、焼きを入れるだんになるとエイハブはタシュテゴ、クィークェグ、ダグーの三人の異教徒を呼び、その血で刃に焼きを入れる——「ワレ主ノ名ニアラズシテ、悪魔ノ名ニオイテ汝ニ洗礼ス!」(Ego non baptizo te in nomine patris, sed in

nomine diaboli!）と恍惚として呪文を唱えながら。そして次の一一四章「鍍金師（めっきし）」は「その底で脈打つ虎の心臓」を隠蔽する「海の表層の美と輝き」を眺めてイシュメール、スターバック、スタッブがそれぞれ三人三様の反応を示すさまを描く。まずイシュメールはその地の文で「このすべてが、人の奥深い神秘感とまじり合い、事実と幻想がたがいに歩み寄り、融けあい、ひとつの縫目のない全体となるのだ」といくらか作家めいたことを語る。「恋する者が、その花嫁の眼のなかに見出すような、お前の、底知れぬ愛らしさよ！　海よ、お前の歯がぎっしり並んだ鮫のことや、人をかどわかして喰べてしまう人喰人種のようなやり方のことは思い出させてくれるな。信仰で事実を追い出そう。空想で記憶を追放しよう。私は深く見て、あえて信ずる」とスターバックは敬神家らしくつぶやく。「事実」が「信仰」を追放したのがエイハブなら、「事実と幻想」を融合させるのがイシュメールで、信心深いスターバックは「信仰」によって「事実」に変更を加えるのだ。そしてスタッブは例によってこうつぶやく――「おれさまはスタッブだ。スタッブにはスタッブの歴史がある。だがここでスタッブさまは誓うぞ――おれはいつも陽気だったってな！」と。鍍金（めっき）された海もまた鏡なのである。

一一五章は「若衆号（バチエラー）」との「出会い（ガム）」の章。一一六章は頭を太陽の方に向けて死ぬマッコウ鯨の死にざまを見てエイハブが物思う「死にゆく鯨」。そして一一七章「鯨夜直」という順になる。これは『マクベス』の魔女の予言の場に似る。場所は仕止めた鯨のかたわらの洋上で夜をすごす短艇の中。エイハブと拝火教徒以外の艇員は眠っている（すると誰がこの場を目撃し、二人の会話を

耳にするのか)。拝火教徒は、エイハブは死ぬまえに二つの棺台を見なければならぬ、その一つは人間がこしらえたものでなく、もう一つはアメリカ産の木材でできている、と言う。そして自分は水先案内として船長より先にゆく、とも言う。またエイハブを殺せるのは麻なわだけだ、と拝火教徒が言うと、エイハブはそれを絞首台での死と解釈して、「それではわしは陸でも海でも不死身だ」と叫ぶ。これは劇の進行にある種の必然性を付与する章だろう。そして一一八章「四分儀」は船の客観的位置を知るためには不可欠の四分儀を「生きた脚と死んだ脚とで踏んづけに」して不退転の決意を乗組員に示す見せ場だ。一一九章「ろうそく」はセント・エルモの火におびえる船員の恐怖心を消すためにエイハブが自分の銛に燃え立つ焔をその息で吹き消してみせる章である。

この次に来るのは一二三章「マスケット銃」(d)だ。ここでは実際にはなにも起こらないのに重要な章である。スターバックは風向きが変ったことを船長に報告するために船長室を訪れる。そのとき彼は銃架に弾丸をこめたマスケット銃があるのを見る。「スターバックは正直で実直な男だった。だが、そのマスケット銃を見た瞬間、スターバックの心から怪しくも邪念が生まれ出た。だが、それにともなって、正邪のどちらでもないものも生まれ、正しいものも生まれて入りまじったので、彼はしばらくのあいだ、その邪念にほとんど気づかなかった。」むろん邪念とは、船長の無謀な計画を阻止して大勢の命を救うためにこの小銃でいまや正体もなく寝ているエイハブを撃つことである。そして実際に銃を手にとり、銃口をエイハブに向けさえする。が、その事態の重大さと罪深さにみずから気づくと、スターバックは長く自省的な独白におちこむ。そして最後に、眠ったま

まの船長に無益な報告をして船長室を去っていく。

まだ狙いをつけたままの銃は、酔いどれの腕のように羽目板にふれて慄えていた。スターバックは天使と格闘しているかのようだった。だが扉に背を向けると、死の管を銃架にかけ、その場を去った。「ぐっすり眠っていたよ、スタッブ君。君がおりて行き、船長を起こして報告してくれたまえ。私は甲板に用がある。報告することはわかっているね。」

一二四章「針」はエイハブが落雷で狂った羅針のかわりに即製の磁石を鉄片から作ってみせ、なんでもできることを部下に示し、いっそうカリスマ性を発揮する準劇章であり、次なる一二五章「測程器と線」ではエイハブが「聖なる狂人」黒人少年ピップをシェイクスピア劇の王が道化をはべらせるようになる章である。そして一二六章「救命ブイ」では、クィークェグ用の棺桶を救命ブイに改造するよう命じられた船大工がぼやく。だが、その内容の一部についてはすでに別のコンテキストで言及した。

これで劇章のなかでも準劇章(d)はひとわたり見たことになる。が、ところで、劇形式の章もまた別の観点から(一)独白、(二)対話、(三)全体シーンの三つに分類することも可能だが、さて、そのような分類にかんがみ、前・後の劇章群間に有意な差があるだろうか。なくはない。前劇章には独白の章が多く、後劇章には対話の章が多い。前者にはひとりだけが登場して独白する章が五つあ

るのに、後者には一つ（一一二）しかなく、しかもそれはタシュテゴがほとんど無意味なことをつぶやく数行にみたぬ短章で、『白鯨』ではいちばん短い章である。

前半の劇章群に独白の章が多いのは、しかしながら、いわば序幕で人物紹介をするのが理にかなっているように理にかなっているだけのことで、格別あやしむにたりない。ところで独白とは、他人に聞かれていないことを前提になされる自己表白、あるいは自分と自分との対話で、だから外からはうかがい知れぬ心の奥底をのぞかせたり、内心の葛藤をかいま見せたりするには便利な劇的技法である。それをメルヴィルは小説のなかであらわに用いたわけだが、そうすることによって人物はいわば内側からも見えてくることになる。むろん、イシュメールは外側からも見る。二六・二七章「騎士と従者」は後者の手法による一等運転士スターバック、二等運転士スタッブ、三等運転士フラスクの人物紹介、性格描写である。この章を読めば、スターバックが沈着冷静かつ勇気に富み、いささか迷信深いところに難があるが、神をうやまうこと篤いクリスチャンであることがわかり、スタッブは「臆病でも勇敢でもなく、その日暮しののんき者」だが、「危険がくればくるで無造作に当ってゆき」、パイプ以外には人生の重みを身につけていない男であること、またフラスクは「巨鯨も二十日鼠の親玉」ぐらいにしか思っていない血の気の多い若者であることがわかる。が、たとえばスターバックの独白を読むと、彼が「心は逆らいながら［エイハブに］服従し、なお悪いことに憐みの情をまじえながら憎んでいる」（三八）という心の襞まで読みとれ、この神をもはばからぬエイハブの一念とあくまでも闘うことを心に誓っていることもわかる。またエイハブの独白

からは、「高い認識力にはめぐまれていながら、低い、人生を楽しむ能力に欠けている」(三七)という自己評価や、自分の悪魔性や狂気についての自己認識も聞きとれる。

みんなはわしを狂人だと思うている――ことにスターバックはな。だがわしは悪魔に憑かれているのよ。わしのは二重に狂った狂気(madness maddened)。狂気といっても、おのれの狂気を知るときにのみ鎮まるていのあやしい狂気なのだ。(三七)

ここでエイハブはたんなる狂気と、自分のような複雑な、いわば「正気な狂気」(sane madness)(「ホーソーンとその答」)とを区別している。彼は狂人ではある、しかしおのれの狂気を知っており、それを知っていることがまたいっそう彼を狂わせるけれども、同時にそれが唯一の救いでもあるような狂人なのだ。エイハブの狂気がそのような「二重[の]狂気」であること、すくなくともエイハブが自分の狂気をそのように認識していること、それはエイハブ自身による右のような独白を通じてしか知りようがあるまい。また哄笑で始まる陽気なスタッブの独白(三九)は、イシュメールが外側から見たとおりの人物でスタッブがあることを裏書きする。さらにまたフラスクが独自の章を与えられていないのは、彼が自省とは無縁な存在だからだろう。

後半のグループには対話の劇的章が多いと述べたが、その主役はエイハブで、対話相手のヴァラエティにも富む。しかしエイハブ以外の人物が一対一で対話する章は一つしかなく、しかも前劇章

の三一章「クィーン・マブ」と同様スタッブとフラスクの対話だから、軽口のたたきあい、掛けあい漫才といったもの(一二一)。しかしエイハブとスターバックの対話となると、対決の様相をおび、いささか深刻になる。一〇九章「船長室におけるエイハブとスターバック」で、一等運転士は船長に船底の樽から油が漏れていることを報告し、停船して点検することを進言する。ところがエイハブはにべもない返事をする――「ゆけ! 漏らしとけ! わしだって漏れてばかりいるわい。そうとも! 漏れるわ、漏れるわ、漏れるのは樽ばかりか、その漏れる樽を積んでる船も漏れとるわい……だが、わしは船を止めて漏れに栓をさせるようなまねはさせせんぞ」と。それでも執拗にくいさがるスターバックに、ついにエイハブは弾をこめた銃を構えて「出てうせろ!」と怒鳴る。やむなくスターバックは「スターバックに気をつけろとは申しません……ですが、エイハブはエイハブに気をつけるがよい」とシェイクスピアふうのせりふを吐いて立ち去る。二人の二度目の対話は「第一夜直が終る頃の甲板」(一二〇)でおこなわれるが、ここでもエイハブはスターバックの、帆をおろして修繕する必要があるという進言を一蹴するだけ。船の走行に遅滞をもたらすようなことはいっさい受けつけない構えなのだ。これらの対話はエイハブの偏執狂ぶりをいっそうきわだたせる。そして三度目の対決は「マスケット銃」(一二三)の章でおこなわれるが、それが文字どおり不発におわることはすでにみた。が、だからこそスターバックの内心の葛藤がいっそう鮮明に浮き彫りにされるのではなかったか。スターバックもスターバックに気をつけねばならない存在だったわけである。

エイハブはまた船大工と特別仕立ての二章「エイハブと大工」(一〇八)と「甲板」(一二七)で二度対話する。『白鯨』でこういう特別扱いを受けるのはスターバックとこの大工だけ。それにイシュメールがこの大工について語る「大工」と題する一章(一〇七)まである。それによれば、この船大工は老人にはありがちな気まぐれな変り者だが、それでいてきわめて「非個性的(インパーソナル)」なところが唯一の特徴である。この点がエイハブからすれば神に似ていて、しかも配下であることが好都合なせいか、彼は船大工と禅問答めいた会話を交わすのを好む。彼は船大工に自分の脚を注文して作らせ、その「創造」につきあって長話をし(一〇八)、またクィークェグの棺を救命ブイに改造している最中に立ち寄ってからかう(一二七)。エイハブは船大工と話すことによって間接的に神と対話し、また神に悪態をついていたのかも知れない。むろん、神といっても、ある者を永遠の救いに、ある者を永劫の責苦に勝手に定めたまうカルヴィニズムの神のこと。

「ならば訊くが、お前はよろずひったくりの、出しゃばりの、ひとり占め屋の、なんとも手におえぬ悪党よな。ちがうか。今日(きょう)は脚をつくるかと思うと、明日(あす)はそいつを入れる棺をつくり、その次には同じ棺から命を救う桶をつくる。おまえはまるで神のように無原則だし、神に劣らぬなんでも屋だ。」

「ですが私はどういうつもりもないのです。やることをやっているだけです。」

「そこがまた神だ……」

そのうえこの章では、二人のやりとりが終わる段階で「エイハブ独白」というト書があり、その指示どおりエイハブはひとりつぶやく。

「ああ、あらゆる物質はなんと非物質的なものであることか！　非実体的な観念以外に、実在するものなどあるのだろうか？　いまここにあるのは暗黒の死の恐るべき象徴(シンボル)だが、それがふとしたはずみに、危機にひんした生命にとっての救いと希望の符牒(サイン)となるのだ。棺桶の救命ブイ！もっと深い意味があるのか？　霊的な意味では、棺桶はつまるところ不滅性の容器か！　そのことを考えてみよう。いや、だめだ。わしは地上の暗い側面に深入りしすぎたので、その反対側の、論理的には明るいはずの側も、ぼんやりとした黄昏(たそがれ)にしかみえないのだ……」

この述懐の背後にあるのは、物体は精神の影ないし象徴であるとするネオ・プラトニズム的な時代の通念だが、エイハブはあまりにも「地上の暗い側面」に魅入られてしまったので、もはや自然の事物や事件から明るく希望にみちた意味やメッセージを受けとれなくなったということだろう。しかしエイハブはそういう自己の根暗(ねくら)ぶり、かたくなさを承知しているのであり、それを承知しているのといないのでは大違いであるから、それを側聞できるかできないかは読者にとってもまた大違いである。そこにこの小説のなかの「独白」という様式の最大の利点がある。

エイハブはまたピークォド号の錬金術師である船鍛冶とも一度対話し、例の白鯨用の銛を邪教徒

の血で「悪魔ノ名ニオイテ……洗礼」して焼きを入れる。それについてはすでにみたが、この老鍛治パースについても、メルヴィルは「鍛治屋」(一一二)という題の章を特設して語る。それによれば、パースは「彼の生涯の劇の歓びの四幕」を終え「悲しみの、だが大詰めにはいたらない第五幕」に大詰(カタストロフィ)めをもたらすべく乗船してきた男であることがわかる。彼もまたみずからの演出家にして劇作家か。しかしエイハブはこのパースと真の意味で対話をすることはない。それかあらぬか、白鯨用の銛ができるとエイハブは早々に自分の船室に引き返す。このことが起こる章「ふいご」(一一三)は、このように閉じられる。

だがエイハブが船室に入らぬまえに、妖精のようで、人間ばなれがしていて、なかばふざけたような、それでいていとも心をうつ物音がしてきた。ああ、ピップ! おまえのみじめな笑いよ。どこを見ているのでもない落ちつきのない目よ。おまえのその不思議なだんまり狂言のすべてが、憂鬱(メランコリ)につかれた船の黒い悲劇と意味ありげにまざり合い、船をあざけっていたのだ。

このようなピップを見てエイハブは一二五章で「おお、凍れる天よ! ここを見おろせ。汝、気まぐれな創造主よ、汝はこの薄幸の子を生み、そしてすてた。これ子供よ、これからはな、エイハブが生きているかぎり、エイハブの船室をピップの住家にしてやろうぞ」と言う。ピップは捕鯨ボートから海中に投げ出され、数時間ひとり海にただよい、「織機(はたおり)の踏み台に置かれた神の足」(九三)

を見て気が狂った黒人少年である。「人間の狂気は天の正気」だからか。エイハブはこの少年にとくに目をかけ、共感を覚える。彼もまた狂人だからだ。だがエイハブのは「正気な狂気」、おのれの狂気を承知している狂気である。それに対して、ピップの狂気は本物の頭脳の狂いで、彼は完全に自分自身を見失っている。エイハブに「ピップ！」と呼ばれても、ピップは「ピップて、誰のこと呼んでるんですか……ピップは行方不明です」と答える。「神の足」を見てからピップはピップのことをピップという三人称でしか呼ばなくなっているのだ。そのピップをエイハブは、王が道化（フール）をはべらせるように、自分の船室に来るにまかせ、行くにまかせる。一二九章「船長室」はそういう二人が対話をかわすシーンであり、しかも『白鯨』における最後の劇的章である。

「子供よ、子供よ」とエイハブは話しかける。「おまえのなかには、何かしらわしの病いを癒（いや）してくれるものがあるように思えてならぬ。似た者が似た者を癒す。だがこの狩りでは、わしの病いがもっとも望ましい健康となった。……お前はこのわしのねじでとめた椅子に坐っておれ。お前は、その椅子のもう一本のねじになるのじゃ。」

「いや、いや、いや！　船長さん、あなたの体、満足じゃない。わたしのつまらん体、なくした脚の代りにしてください。わたしを踏んづけてくださればいいだ。お願いはそれだけです。わたしをあなたの体の一部にしてください。」

これにはエイハブも泣ける。よほど気を強くもたねば、よほど意識的に抵抗しなければ、ピップのこのやさしい気持ち、この「正気」には負けそうになる。エイハブはエイハブでなくなってしまう。だからエイハブはト書の指示にしたがい、その場を中座して「出てゆく」。あとは「ピップ！ピップ！　ディン・ドン・ディン！　だれがピップを見たか……」という、白痴が語るなんの意味もない響きと悲しみばかり。ここでエイハブは、はっきりと自分の宿命を選び取ったのだ。もっと正確には、恣意的な神が用意した予定（プレデスティネイション）の運命を成就する決意をこれを最後に固めたのだ。

　これでわれわれの仕分けによる後劇章は終わりになる。が、イシュメールが語りの主体である通例の一人称小説の記述に戻るのかというと、そういうことはない。このエイハブとピップとの語らいの場面「船長室」（一二九）の次にくるのは、エイハブがみずから檣頭で見張りにつき海鷹に帽子をさらわれる一三〇章「帽子」、それから歓喜（デライト）号との不吉な出会いの一三一章、嵐の前の凪模様の章「交響楽」（一三二）、そして白鯨追跡の章が一三三章から一三五章へ「追跡――第一日目」、「追跡――第二日目」、「追跡――第三日目」とつづいて『白鯨』の物語は破局を迎え、「エピローグ」に受けつがれるわけだが、これらの章の記述は「私」の視点からなされるというよりは、むしろ劇作家のそれ、全知全能の第三者的視座からなされるもので、なるほど形式は戯曲仕立てではないけれども――もし形式と内容が区別できるとして――その内実はきわめて劇的で、その眺望はまことにパノラミックである。だからこの大団円の、クライマックスをなす最後の数章を「劇章」とひっくるめて検討し、本書のこの段に区切りをつけるのは妥当だと思う。

「帽子」（一三〇）では白鯨との遭遇は間近い。その気配がひしひしと感じられる。

この不吉を予兆する幕間では、いっさいのユーモアもまた影をひそめた。とってつけの諧謔も、自然な機智も消えた。スタッブはもはや笑顔をつくろうとはしなかったし、スターバックは無理して笑顔を押える要はなかった。喜びも悲しみも、希望も恐怖も砕かれて極微の埃（あくた）となり、いまのところエイハブの鉄の魂に据えられた挽き臼に入れられて粉に挽かれているかのようだった。彼らは機械のように黙々と甲板上を動きまわり、この老人の暴君的な眼がたえずおのれに注がれていることを意識していた。

エイハブはもはや自室で朝食も昼食もとらなくなり、夕食はたべなくなる。髯を刈るのもやめる。ただ眼光きびしく海面に白鯨を求めるのみ。だが「鯨見ゆ」の叫びはあがらない。業を煮やしたエイハブは不自由な身もかえりみず、みずから檣頭での見張りにつく。帽子が海鷹にさらわれるのはこのときだ。所在不明の語り手は、これを凶兆と読んでこの章を閉じる。

次なる一三一章はピークォド号が悲嘆にくれる歓喜号に出会う章。これは言及ずみだ。そして一三二章「交響楽（シンフォニー）」がくる。「澄みきった鋼（はがね）のような青さの日だった」とこのシンフォニーは響き出す。この静澄な冒頭のフレーズにふさわしく、この章全体が嵐のまえの静けさ、時化（しけ）のまえか凪（なぎ）をしのばせる静謐な「楽章」である。エイハブはひとり舷側にもたれかかり、「海に映るおのれの影に見

いり」ながら物思いにふけり、「まぶかにかぶった帽子の下から一滴の涙を海に落とす」。これを目撃したスターバックはそっとエイハブに近づく。エイハブは振り向く。そして「スターバック!」と呼びかける。「はい」とスターバックは答える。それをしおに、エイハブは堰を切ったように、しかも切々たる口調で「おお、スターバック! なんというおだやかな、おだやかな風だ。空も、なんとおだやかにみえることか……」と語り始める。読者にせよスターバックにせよ、こんなにおだやかに、率直にエイハブが語るのを聞くのは初めてだ。彼は自分の来し方を思い、妻子をしのぶ。

「……五十をすぎてめとった少女のような妻を離れて、あくる日には、婚礼の寝床の枕に窪みひとつを残して船出したのだ――妻? 妻だと?――いや、生きた夫を持つ寡婦よ! そうだ、スターバックよ、わしはあの娘を、結婚すると同時に寡婦にしたのだ……人というより悪魔じゃ!――うん、うん、なんという愚かしい四十年か――おろかな――老いぼれの道化だったのじゃ、このエイハブは!……近くに、近くに立ってくれ、スターバックよ。そして人間の眼をのぞかせてくれ。海や空をのぞき見るよりそのほうがいい。神を見つめるよりそのほうがいい。おお、これは魔法の鏡か! 緑の大地、明るい炉辺が見える。おまえの瞳のなかにわしの妻も子も見えるぞ……」

このような胸を打つ告白を聞かされれば、スターバックならずとも、エイハブは改心したのではないかと思うではないか。じじつスターバックは、この機をとらえて、すがるような気持でエイハブに帰港をすすめる。妻や子のもとに帰りましょう、と。しかしその願いはききとどけられることなく、スターバックの期待はみごとに裏切られる。

「これは何ものか。いかなる、名状しがたい、測り知れぬ、この世ならぬものが、いかなる欺瞞の見えざる主人が、暴虐残忍の皇帝が、わしに命令して、わしをあらゆる本然の愛と情とにそむかせ、この身をたえまなく突っこみ、押しこみ、ぶつからせてゆき、わしの正しい本来の心では夢にも思いがけぬことに、愚かにもいそいそと立ち向かわせるのか。エイハブは、はたしてエイハブか？　この腕をいまあげるのは、わしか、神か、それとも何ものか……神かけて言うが、わしら人間はこの世においては、あそこにある揚錨機（ウイドラス）みたいに、ぐるぐると廻らされていて、運命があの挺子（ハンドスパイク）なのだ。」

ついに「追跡――第一日目」になる。白鯨を最初に発見するのは執念のエイハブ自身である。さっそく三艘のボートが下ろされ、追跡が始まる。が、敵はさるもの、エイハブのボートをまっ二つにへし折って姿を消す。「第二日目」――この日もエイハブたちの「三十人が一人になって」白鯨に挑みかかり、槍や銛を打ち込む。白鯨も縦横無尽にあばれまわり、エイハブたちのボートは海底か

ら垂直に突きあげてきた鯨に空中高くほうり上げられ、ボートは木端微塵（こっぱみじん）になる。エイハブはまたしても、その「死んだ脚」を失なう。拝火教徒は、みずからの預言をあがなうためか、エイハブより先にあの世へ行ってしまう——「索のもつれにからまって——ずるずる引かれてゆくのを、おれ、見たような気がする」とはスタッブの証言だ。惨憺たる敗北だ。だが、エイハブはひるまない。

「いいか、エイハブはあくまでもエイハブだ。この劇の一部始終は、変更なくおこなわれるように定められているのだ。この海原が波立つより億万年もまえから、おまえとおれとで下稽古（リハーサル）してきたことだ。愚かものめが！　わしは〈運命〉の輩下だ。その命令で動く。いいか、下っ端役者め、わしの命ずるがままに動くのじゃ……」（一三四）

これはエイハブがスターバックに語るせりふだが、それがあらかた芝居の用語、劇の隠喩で語られているところに要注意。これまた『白鯨』を一種のメタシアターとして読んでよい証左でもある。そして最終章「追跡——三日目」。この日も白鯨との凄絶な接近戦が展開する。エイハブは預言どおりに自分より「先に行った」拝火教徒の、まだ成就しない預言ないし筋書きを意識して「棺桶も棺台も、わしには用なしだぞ——麻なわだけが、わしを殺すか、はっはっ！」とつぶやき哄笑しながら白鯨が水中から姿を現わすのを待つ。無疵なのはエイハブのボートだけだった。そこへモービィ・ディックが出現し、その胴体の片側を全部見せたとき、叫喚がおこる。鯨に幾重にもから

みついた銛の索のもつれに拝火教徒の死体がからみついているではないか。エイハブはこの鯨が預言された「人間の手によらない」棺台であることを悟り、拝火教徒が口にしたアメリカ材でできた棺台が何かをいぶかしむ。彼は異教徒の「最後の一言まで吟味する」構えなのだ。いくらスターバックが「モービィ・ディックはあなたを求めていません。きちがいみたいに追っているのは、あなた、あなたなのだ！」と諫めてみても、もはや無効。エイハブはこの劇のプロットの忠実な配下なのだ。やがて白鯨は「予定の運命を定める頭」(predestinating head) を震わせながらピークォド号そのものに攻撃を仕掛けてくる。それを捕鯨ボートから見たエイハブは船そのものが棺台だと悟り、叫ぶ——「船だ！　棺台だ！　第二の棺台だ！　まがいようもなくアメリカ材だ」と。ここに預言は成就し、筋書きは達成する。エイハブは自分が投射して鯨に命中した銛の麻なわ製の索に首を巻きつけられ、一瞬のうちにボートから吹き飛ばされ、鯨とともに海中に没してしまう。「だがやがて、同心円をえがく渦巻が、ひとつただようボートも、その乗組みたちも、浮かぶオールも、槍竿も、みなとらえ、それら生あるものも生なきものもすべてを、一つの渦に巻きこんでぐるぐる廻しながら、ピークォド号に属する木っぱの一片ものこさず視界から葬ってしまった。」

「劇は終わった。さらばいま、なにゆえになに者が登場してくるのか？——一人の者が難破から生き残ったからである」と「エピローグ」は書き出される。まさしく劇は終わったのである。

5 幕間

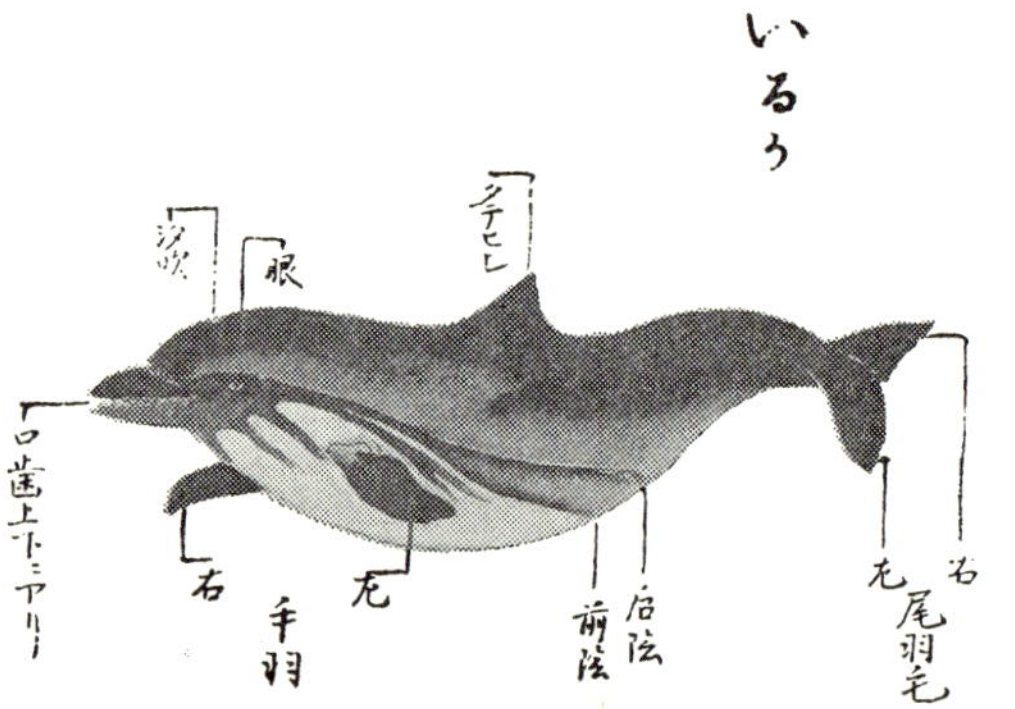

イルカ

「エピローグ」——そこではイシュメールがピークォド号を呑みこんだ白い渦巻きから「ただ一人のがれて」海をただよっているところを「わが子」を求めてジグザグ航行していたレイチェル号に「孤児」として拾われることが語られる。イシュメールは生き残ったのだ。ところで、もし『白鯨』にこの「エピローグ」がなかったらどうだろう。まったく異質の読み物になっていただろうか。世界の大小説の座につきそこねていただろうか。いずれにも、なんとも答えようがない。しかし「〈わが名は孤児（イシュメール）〉で始まり〈もう一人の孤児が見出された〉で終る『白鯨』全体がペシミスティックな額縁（タブロー）ないしウロボロス的に始めと終りがつながった本なのである」（高山宏『アリス狩り』前出）というような議論ができなくなって残念であることだけは確かである。「エピローグ」がなければ、『白鯨』は次のように終っていたはずだからである。（だが、それにしても、こういう情景をいったい誰が眺めていたことになるのか。）

このとき小さな海鳥の群が、まだ口を開いている深淵の上を、叫びながら飛びまわった。深淵の険しい側面には悲しげな白浪が打ちつけた。それからすべては崩れ、海の大きな屍衣は、五千年前にうねっていたと同じようにうねった。(一三五)

しかし、現に『白鯨』はこのように終っていない。現にそうでないのにそう仮定するのは根本的にまちがっている、という意見もあろう。が、そういう仮定をゆるす実際上の根拠がないわけではない。『白鯨』に、それが嚙むべき尾が、つまり「エピローグ」がなかった一時期があったこともそのひとつだ。アメリカ版『モービィ・ディック、または鯨』(一八五一年十一月十四日頃)よりひと月ほど先に出たイギリス版『鯨』(同年十月八日)に「エピローグ」はなかった。だから、この小説について最初の書評をかかげた英国の『スペクテイター』誌が「作者が物理的に知りえないことはいっさい小説に導入してはならぬというのが小説のルールであって、作者は坑内で全滅した坑夫の会話などは書いてはならないのである」(一八五一年十一月二五日号)と文句をつけたのも、もっともなのである。だが、なぜ『鯨』に「エピローグ」がなかったのか。その事情はいまのところつまびらかでない。

しかし純理的には二つの理由が考えられる。メルヴィルはアメリカ(たぶんハーパーズ社)で印刷したゲラ刷り原稿を一八五一年九月十日に英国のベントリー社に発送しているが、そのなかに「エピローグ」が含まれていなかったという想定がその第一。第二は、原稿には「エピローグ」はあっ

たけれど、ベントリー社がなんらかの理由で削除したという想定。だが第二の理由は考えがたい。小説の体裁としてはもっと破格な「語源学」「抜粋」は、三巻からなる英国版では巻末にまわされているとはいえ、ちゃんとついていた。ベ社がことさらに半ページにみたない「エピローグ」の印刷を手控えたとは思えない。原稿を発送した九月十日の時点でメルヴィルはまだ「エピローグ」を書いていなかったと想定するほうが妥当だろう。メルヴィルにはぎりぎりの時点で原稿を改訂したり追加したりする癖があったのだ。この本の題名についてもそうである。メルヴィルの代理人をつとめていた兄アランはベントリーに「弟のゲラをアジア号で十日に発送したあとで、弟は本の新しい題名と献辞を決めました――両方のゲラ刷り原稿を同封いたします――新しいページを追加するのに間に合うようにこの手紙が着くことを念じています。モービィ・ディックがこの本の正式な名称です」(五一・九・一〇以降)と書いている。英国版で題名変更とホーソーンへの献辞の掲載が果せなかったのは、この手紙が間に合わなかったからだろう。が、ともあれ、アランの手紙には「エピローグ」についての言及はない。この時点でまだメルヴィルが「エピローグ」を書いておらず、また、それでよしとしていたことの傍証にはなろう。それに彼は『マーディ』(一八四九)を「かくして追う者と追われる者とは、終りなき海を疾走しつづけた。完」と終らせて平気な作家でもあったのだ。こういう終り方だと、タジを名乗る『マーディ』の語り手はどうやって生還してこの物語を語るのか、皆目わからず、なんとも落ち着きが悪い。人間が語る人間の物語は、小説の条件はともかく、人間の条件を逸脱したのでは具合が悪いのだ。語り手は神ではない、人間なのだから。

もし『白鯨』に「エピローグ」がなく、先に引いておいたように終っていたなら『白鯨』についても同じ不平が言えたはずだ。そういう不備にふと気づいたメルヴィルは、九月十日以降のある時点で、急遽「エピローグ」を書きあげ、アメリカ版『モービィ・ディック、または鯨』に間に合わせたのだろう。もしそうなら、これもまたこの作家が慎重な面と無造作な面を兼ねそなえた創作家であったことを示す事例になるわけだが、一見無益にみえるこのような仮定にもとづく議論をこれまでつづけてきたのは、たとえこの書物が自分の尾を嚙むウロボロスのように始めと終りがつながった循環する構造の本であるとみるにせよ、それほど計算ずくでそうなったわけではないことを指摘し、あわせてそういう議論をいくらかしにくくしておきたかったからである。それにテキスト的事実からしても、この物語の「エピローグ」と冒頭の章はそれほど緊密に接着してはいない。「エピローグ」の「無学なイシュメール」(七九)がそのまま冒頭にまわりこみ、そこでふたたびイシュメールを名乗り、いきなり無学どころではない語り口で語りはじめるとみなすのは、やはり人間に必要な成熟の時間を無視しているという意味で不備がある。つまり一介の「無学な」水夫イシュメールが冒頭の成熟した語り手・作家になるためには、陸地に生還し、書を読み、ものを書く修業をつまねばならず、そのためには年期がいる。そういう人間的時間に対応するテキストが『白鯨』にあることが、あまり性急に「エピローグ」と冒頭をつなげてウロボロス的に見ようとすると見えなくなる。メルヴィルはジョイスではないのだ。『フィネガンズ・ウェイク』の終りと始めが冠詞と名詞で接着しているように『白鯨』のそれが整合的に密着しているわけではない。たしかに『白鯨』

は“orphan”の一語で終わる。が、冒頭の一句は“Call me Ishmael.”である。その「イシュメール」にしても厳密には「孤児」ではなかろう。が、さしあたって、それはさしたる問題ではない。私が指摘したいのは、イシュメールが文明社会に生還し、万巻の書を読み、作家としての修業をつみ、『白鯨』を書く準備をととのえ、作品に再登場するまでの人間的時間に相応するテキストがこの書物に存在することである。「ひとは書物を読むことはできない、ただ再読することができるだけだ」とはナボコフの名言だが、イシュメールも再登場できるだけである。

その隠れたテキストとは、「エピローグ」と第一章の間に置かれている「語源学」、「抜粋」の断章のことである。(Epilogue, Etimology, Extracts がみなEで始まるのは単なる偶然だろうか。)これらはいわば『白鯨』の「プロローグ」かもしれない。「語源学」の検討から始めたい。

「語源学」が最初に挙げるのは、ハクルート『万国航海記』からの引用とされる次の文句である――「WHALE なる魚を呼ぶに、この国の言葉にて何というかを教えんとすれども、無知蒙昧なるがゆえ、Hの文字をうっかり抜かすことあらんか、君は真実ならざることを伝えるなり」。次いでヘブル、ギリシャ、ラテンなどの古典語から、アングロ・サクソン語、デンマーク語、英語、フランス語などの西欧語、それに、ポリネシア語にいたる古今東西の諸言語の「鯨」を指す語を掲げ、ゲルマン語系の「鯨」については、それらがことごとく本動物の「まろやかさ」(roundness)と「転がるさま」(rolling)に由来することが『ウェブスター辞典』(一八四八)と『リチャードソン辞典』(同上)を典拠に示されている。さまざまな言語圏から集めた「鯨」の名辞の列挙が記号と

しての言語の恣意性を示唆することについてはすでに示唆したが、逆に(ゲルマン語系についてのみとはいえ)語源の提示はシニフィアンとしての言葉とシニフィエとしての「鯨」とのあいだにまったく自然な絆がないわけではないことを示唆しているようでもある。となると、しかし、前掲のハクルートの文句はWHALEの誤読をいましめているのか、すすめているのか、さだかではなくなる。おそらく、メルヴィルの付け目はそこにあったのだろうが。

たしかに英語のwhaleは、ちょっとその気になれば、いくらでも誤読ができる神の与えた玩具で、なるほど「捕えがたい人生の幻」(一)の記号としては適切である。現にペンギン版『白鯨』の端倪すべからざる編集兼註釈者ハロールド・ビーヴァーは“wail, vale, veil, wile, etc.”と変奏してみせる。私などにはwhaleはwholeとも読める。「鯨(ホエール)」は「全体(ホール)」なのだ。その語源の「まろやかさ」もまた「全体性(ラウンドネス)」のことではないか。となると『白鯨』の原題——*Moby-Dick; or The Whale*——は「全体性」を副題にしたがえ、この本がまた「全体」の観念としての〈本〉であることを品質表示しているようにも受けとめられ、それは世界としての本(リベール・ムンディ)というように議論を導くこともできそうだが、それは私の領域ではなさそうだ。しかしまた、ガートルード・スタインのRose is a rose is a rose is a roseをまねてWhale is a whale is a whale is a whaleと呪文のように唱えてみるのも一興かもしれない。するとwhaleはwheelになる。メルヴィルが挙げる「転がるさま(ローリング)」も「輪(ホイール)」をえがくことだ——例の円環性・循環性。すると『白鯨』の原題は「全体」の観念としてのモービィ・ディックなる一頭の鯨が自分の尾を嚙む、もしくは二頭の鯨がたがいの尾

を噛んで「全体」が「全体」を入れ子細工ふうに相手を呑みこまんとする図像にも見えてくる——あの「宇宙の生命の限りない連続性と循環と統一の観念」（高橋康也『ウロボロス——文学的想像力の系譜』、晶文社、一九八〇）の図像としてのウロボロス。が、まあ以上は『白鯨』におけるウロボロス論はこれぐらいの手順をふんでからやっていただきたいというほどのことだが、ちなみに『白鯨』にも「蛇派（オーファイト）」（四一）への言及があり、エイハブが鯨（レヴィアタン）を九天からなる「宇宙の外周を取り巻く闇[で]……自分の尾を口にくわえている巨大な龍」（柴田有『グノーシスと古代宇宙論』、勁草書房、一九八二）、つまりウロボロスとみなしていることも指摘しておきたい。

　われわれにとってより重要なのはこの「語源学」の資料提供者のことである。それは「肺病にてみまかりし某高等中学（グラマースクール）助教」ということになっており、メルヴィルの紹介によれば、生前は万国旗ではでに飾られたハンカチで古い辞書や文法書（グラマー）の塵を払うのを習いとしていた。それにしても、なぜその人物がいまはなき助教（アッシャー）でなければならぬのか。水夫（セイラー）になり書き手（エクリヴァン）になる以前のメルヴィル自身がしばし小学校の助教（アッシャー）をつとめたからか。かの巨鯨のごとき博識なるジョンソン博士、あの大いなる辞書の編纂者もかつては助教（アッシャー）だったからか。それとも、この「語源学」は『白鯨』なる本の序章でもあるゆえ、それに資料を提供する者は必然的に本の世界への案内人（アッシャー）でなければならないからか。それらのいずれでもあろう。

　すでに五冊の書を世に問い、いまや「本世紀の福音書」（ホーソーン宛、五一・五・一）を書きあげようとしている作家メルヴィルにとって、たしかにかつての助教は死んでいる。しかし彼がかつて

水夫だったと同じように助教であったことも事実なので、その事実をメルヴィルはこのようなかたちでそのテキストに秘めておきたかったのだろう。自分の過去はテキスト化して自分の脳裡にしまっておき、随時その断片を作中に引用して新しいテキストに織りあげてゆくのがこの作家の習性だった。彼の主要作品が多かれ少なかれ自伝的であることを思ってみること。さらにジョンソンだが、彼はこの碩学に格別の思い入れがあったようだ。メルヴィル所有の『ジョンソン伝』には、博士が若い頃に助教（アッシャー）を務めたと記するくだりに「忍び難し」という書き込みがあるという。そして『白鯨』本文にも次の記述がある——「鯨（レヴィアタン）がテキストであるときには…… 私はかならずジョンソン辞典の大きい四折判を利用した」（一〇四）と。それに「語源学」資料提供者の故助教（アッシャー）は生前もつねに古い「辞書」や「文法書」の塵を払っているような存在感の薄い人物とされているが、これは日常世界から他界なる本の世界への案内人（アッシャー）としてはふさわしい資質でもあろう。

同じくメルヴィルによれば、この助教が古色蒼然たる辞書や文法書の塵を払っていたのは「それがそこはかとなく自分の死すべき者としての宿命を思い出すよすがとなった」からだとされているが、助教にしても「塵なれば塵に帰るべき」（『創世記』三・一九）存在であることは自明のことだのに、なぜまたそれを思い出すよすがが辞書や文法書の塵でなければならないのか。一つには、メルヴィル自身が大の読書家だったばかりか、辞書や百科事典の耽読者だったことに関係があろう。たとえば、彼は四巻からなるピエール・ベイルの百科事典を購入した直後、エヴァート・ダイキンクへの私信にこう書いている——「この夏中、私はその大きな四折判を並べて寝台にし、片手にパイ

ドン、片手にトム・ブラウンを持って寝るつもりです」(四九・四)と。まことに気宇壮大、かつマニアックな就眠法もあるものだと呆れるばかりだが、そういう辞(事)典類への偏愛の痕跡をテキストにひそめておきたいばかりに、ただそれだけのために、わざわざ小説としては破格な「語源学」なる断章がもうけられたわけでもあるまい。そこには書き手としてのもっと切実な思いが擬装されてこめられているにちがいない――辞書や文法書をひもとかずして誰がいったい作家(エクリヴァン)になれようか、という鬱屈した思いが。書くとは、つまるところ大きな「辞書」から引いてきた言葉を「文法」というコードにしたがって自分のテキストに織りあげる作業のことではないか。いかほど独創的な作家にもせよ、言葉や文法まで発明して書くわけにはいかないではないか。メルヴィルはそういう作家の本質的な非独創性についてきわめて自覚的で、それはほとんど強迫観念に近いものであった。「語源学」はそういう思いの間接的な表現ないしマニフェストではなかったか。

「エマソンはなかなか頭の切れる男だと思います。彼の書くものが貰いものであるにせよ、借りものであるにせよ、盗んできたものであるにせよ、自前のものであるにせよ、彼は並みの人間ではありません……しかしサー・トマスという人間がこの世に存在しなかったなら、エマソンだって韜晦の術は知らなかったでしょう。真実はこうなのです。つまり、われわれはみな先人の息子であり、孫であり、甥なのです。人間だれだって自分で元祖にはなれません」(四九・三・三)とはメルヴィルがダイキンクへの私信で語っていることだ。そして『マーディ』では哲人ババランジャに「あらゆる思想は過去のある詩人、英雄、賢者の魂なのです」(一八〇)と語らせている。『ピエール』で

も、その作中の「若い作家」にかこつけて、「多くの独創的な書物がきわめて非独創的な精神の産物」(一八)であることを強調するためにわざわざ三章をもうけているほどだ。また生前最後の小説『詐欺師』(一八五七)では「独創的なものが作者の想像力から生まれることは決してない——動物界におけるがごとく文学界でも、あらゆる生命は卵から生まれる」(四四)という見解を披瀝している。この最後の文句は「あらゆるテキストはテキストから生まれる」とパラフレーズされてもよかろう。

ところで「語源学」とは、言葉の卵についての学問のことではないか。すべては卵から(アブ・オヴォ)——だから『白鯨』も書くことに不可欠な素材である言葉の根源的な問題から始まる。それに鯨についての本に「鯨」という語についての小さい「辞書」をつけておく趣向はいかにもメルヴィル好みのものであった。鯨の皮について論じるある鯨学の章(六八)でイシュメールは、その透明な表皮を乾燥させたものを鯨の本を読むときの「しおり」として用い、それに拡大効果もあるので鯨の本を読むときの「天眼鏡」としても利用すると述べ、「鯨についての本をいわば鯨自身の眼鏡で読むのは楽しいことではないか」と書いている。こういうレトリックの次元でのウロボロスを彼は偏愛した。スタッブは鯨の油でともすランプのもとで鯨の肉を食べ(六四)、鯨の油はその「油滓(フリッター)」を燃料にして煮ることから、「肥大漢の殉教者か、自らを消尽する厭世主義者かのように、ひとたび点火されたならば、鯨は自分で燃料を供給しながら自分の体で燃えてゆく」(九六)のである。メルヴィルのつもりでは、「語源学」は作家としての身振りであるばかりでなく、読者に提供する『白鯨』を読む

ための「眼鏡」でもあったのだろう。

本文にたどりつくまでには、まだ一つの関門がある。「抜粋」と称する鯨に関するテキストの断片を集めた「落穂集」がそれだ。その典拠は聖書を筆頭に、古今東西の世界文学、博物誌、航海記、捕鯨業関係資料、はては俗謡にまでまたがる。その断片は全部で八十片。まさしく文献学的捕鯨である。『白鯨』そのものがまたそれであることを「抜粋」はひそかに予告しているのか。が、そのような機微についてはまたのちほど触れるとして、ここでも問題はまたその資料提供者の素性だ。

それはとある「司書補の補」(A SUB-SUB-LIBRARIAN) ということになっている。このいささか滑稽な肩書きの人物は——しかし「補の補（サブ・サブ）」とは下へ下へ（サブ・サブ）とテキストを伝えてゆくのを職務とする図書館員の、また、あらゆる書を読み書きする者の肩書きとしては適切なものではないか——正統神学の本拠ヴァチカンの書庫はむろんのこと、世界のはての露店まで漁り歩いて、鯨についての記述がすこしでもある本なら「聖俗のけじめもなく」蒐集し、これなる「抜粋」に材料を提供したのだ。だが「補の補（サブ・サブ）の紹介者」を自任するメルヴィルは、その心配はまずないのに、「このてんやわんやのごたごた集」を「まことの福音書的鯨学（ゴスペル・セトロジー）だなどとは夢にも思わないでいただきたい」と読者に警告し、ついでに「補の補（サブ・サブ）」の輩にも(自分も含めているのだろうが)、「あきらめろ！ 世間を喜ばそうとすればするほど、永劫に世間から感謝されずじまいになるのだから」と忠告する。この語り口に韜晦と逆説があることは誰の目にも明らかだろう。

いったいメルヴィルには福音書(ゴスペル)コンプレックスといった強迫観念があったのだ。『白鯨』が完成に近づきつつあったころ、彼はホーソーンに「私は本世紀における『福音書』を書きましたが、溝で死ぬのがさだめです」(五一・六・一)と書き、それからしばらくたって「この本の(秘密の)モットーは、ワレ汝ニ洗礼ス……ノ名ニアラズシテです――空白は埋めてください」(同七・一四)と告白し、『白鯨』出版後には「私は邪悪な本を書きました。そして仔羊のように汚れない気持です」(同一一・一七)と語っている。福音書がキリストの説いた救いと神の国に関する「よきおとずれ」を収める聖典であることは周知のことだが、それに「本世紀における」という限定詞がつくと、にわかに「よきおとずれ」ならざる福音書、反福音的福音書、もはや誰にも福音書が書けなくなった時代に書かれる福音書といった「邪悪」で「悪魔」的な含みをおびてくる。それでいてメルヴィルは「仔羊のように汚れない気持です」と言う。いったいどういうことか。メルヴィルには、『白鯨』を書くことによって「神が沈黙する」(寺田建比古『神の沈黙――ハーマン・メルヴィルの本質と作品』、筑摩書房、一九六八)現代におけるキリスト教的救い(あるいは救いのなさ)と神の国(あるいはその不在)に関する一種の不可能性(あるいは悪魔主義)をはらむ本を書いたという自負と負い目があり、しかもそれが基本的にはカルヴィニズム的な神の予定を裏切っていないという自負があったのだろう。神のそういう予定があってこそ、こういう現代がおとずれたとする信心である。だが、そういう信仰告白をまともにやれば作家としての命取りになる――「私がいちばん書きたいと感じていること、それは禁じられています」(ホーソーン宛、五一・六・一)というわけだ。だからこそその韜晦であり、

それが自家薬籠中のものともなったのが彼のレトリックであろう。

ところで「福音書的鯨学」となるとどうか。福音書がキリスト教の教義のすべてを含む全体の書であるように、鯨についてのすべてを包含し体系化する鯨学というほどの意味だろうが、この「抜粋」がそれでないことは誰の眼にも明白であり、本文中の鯨学の諸章もまたそれでないことは「私はなにごとも完全なものは約束しない……ここでの私の目的は、ただ鯨学の略図(ドラフト)を提供することにつきる。私は建築家(アーキテクト)であって土建屋(ビルダー)ではない」(三二)という証言を引き合いに出すまでもない。そうなら、ここでの「鯨学」とは『白鯨』そのものを暗示していて、この網羅的かつ断片的な鯨に関するテキストの寄せ集めである「抜粋」が全体としての『白鯨』の「略図(ドラフト)」、「いや略図(ドラフト)の略図(ドラフト)」であるというメルヴィルの身振りであると受けとめてよかろう。すくなくとも、この各種の文献から剝ぎ取ってきた八十のテキストの断片からなる寄せ集めである「抜粋」は『白鯨』そのものの似姿をしている。それらの断片を統一する原理はないようにみえながら、すくなくともそれらは「鯨」という共通項によってゆるやかに結ばれている。ビーヴァーのごとき慧眼な批評家は、両者にはもっと緊密な対応性があることを指摘する。「抜粋」に引かれている『ヨナ記』(一・一七)の一節は本文のマップル神父の説教のテキストに滑り込む。ピークォド号の最後はオーエン・チェースのエセックス号の最後についての本からの引用が予告する。『ミリアム・コフィン、または鯨を捕る男』という題名の本からの引用は、『白鯨』を一貫して流れる「棺桶(コフィン)」の主調低音の頭(あたま)になっている、という具合だ。「潮吹亭(スパウター・イン)」の主人の名がコフィンだったことも思い出しておこう。

しかし正直なところ、「抜粋」については、そういう統一性より断片性のほうが目立つ。もしそこになんらかの意味における統一性が働いているにしても、それは「鯨」という圧倒的なイメージが統べる統一性であり、テキストの断片と断片を併置することによって生じる、それらの単なる算術的総和ではないところの異質な綜合性——あのモンタージュ技法が生みだす、ばらばらのままの全体性だろう。『白鯨』の統一性、綜合性、全体性もまたそれだろう。「抜粋」がメルヴィルなる「建築家(アーキテクト)」による自作の略図(ドラフト)であるとみなしうるゆえんがそこにある。

「私は創造的なものを創造した」(I have created the creative)とは『マーディ』(一〇八)の偉大なる詩人ロンバルドーがその不在の傑作『長連歌(コズタンザ)』(Koztanza＝Costanza＝Co-stanza)を完成したときに口にしたとされる文句だが、この「創造的なもの」とは多様なテキストの断片(スタンザ)を結びつける原理、あるいはそれらの断片(スタンザ)を結びつけるときに生じる全体性(コ・スタンザ)についての理論ないし建築学のことではないか。メルヴィルは『タイピー』(一八四六)から『マーディ』(一八四九)へと書きすすむうちに、そういう「建築学」を徐々に身につけ、あるいはそれを持つ必要を痛切に感じはじめたにちがいない。そして、その「奥義」を入手するための彼の実践的方法は「補の補(サブ・サブ)」さながらに万巻の書を漁ることだった。「抜粋」はそういう作家の身振りでもあり、またその努力の痕跡でもあろう。

以上のことに関連して、『白鯨』本文の「捕鯨の名誉と栄光」(八二)にメルヴィルが書きつけている次の逸話を引き合いに出してこの章を締めくくりたい。メルヴィルは書く自分をなんらかのかたちで自分の書くもののなかに書きつけておかずにはすまない作家だったのである。

神々の神たる婆羅門（ばらもん）が、世界をその周期的壊滅ののちに再創造しようと決めたとき、その仕事の主宰者としてヴィシュヌを生んだ。ところで、奥義の聖典『釈義（ヴェーダ）』というものがあり、これを読まずしてはヴィシュヌもその創造に手をつけることが不可能であり、そこにはその若き建築家（アーキテクト）への必須の教示が含まれていたにちがいないのだが——この『釈義（ヴェーダ）』は海の底におかれてあった。だからヴィシュヌは鯨に化し、海の最深部まで潜っていって、この神聖の書（sacred volumes）を手に入れた。

6 語り手

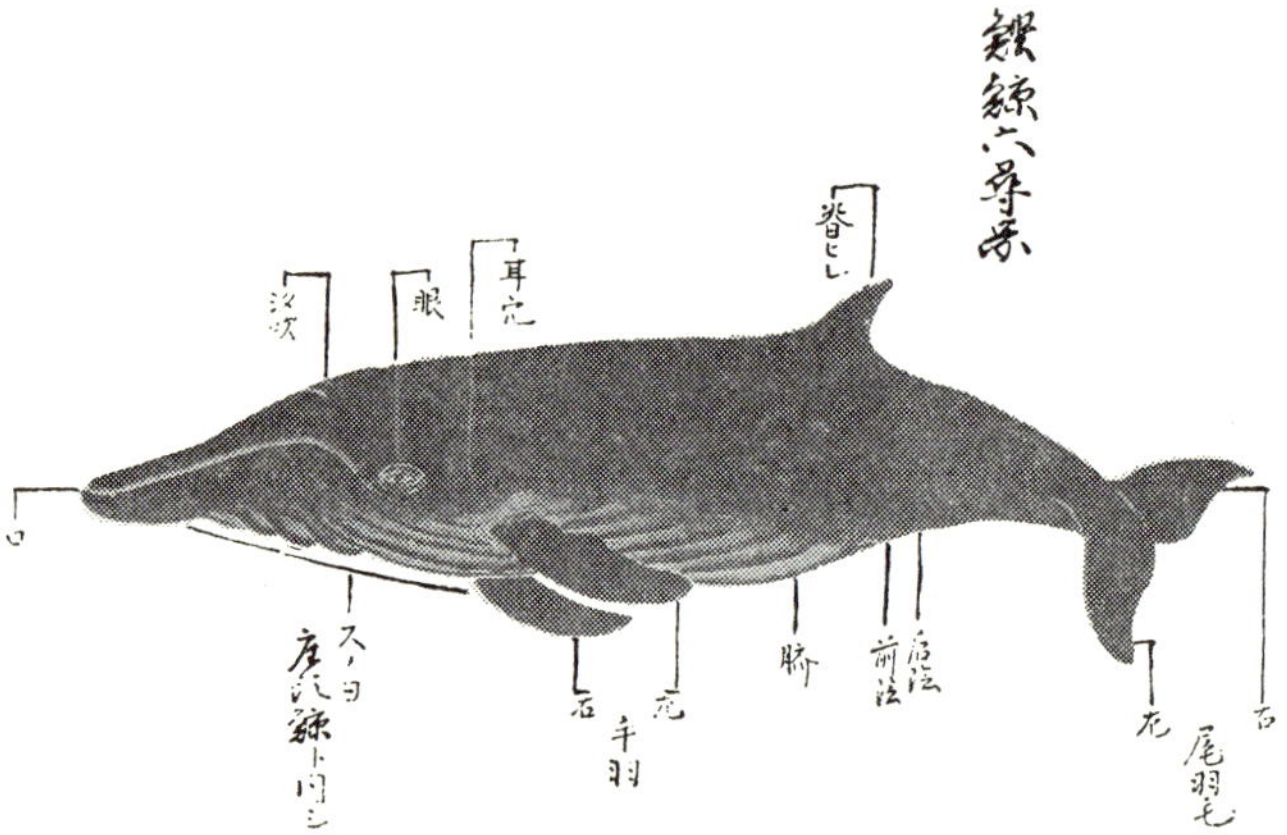

ナガス鯨

「我をイシュメールと呼べ」(Call me Ishmael.)——この第一章冒頭の文句は誰もが印象深く記憶している。それが印象的であるのは、しかし、その文句が含む聖書に由来する名だけのせいではあるまい。メルヴィルの同時代人にして同国人の作家クーパーの『大草原』(一八二七年)にもイシュメール・ブッシュなる無法者が登場する。『白鯨』の語り手の場合、その名乗り方が、いわば仮定法命令形といったものになっているところが衝撃的なのだろう。「わが名はイシュメール」(My name is Ishmael.) という直説法現在形でないところが肝心なのだろう。そういう語法で語り出すことによって、語り手は「イシュメール」なる名の匿名性、語り手本人の微妙な不在性、その語りそのものの虚構性を、そういう口吻ならではの仕方で、一挙に読者に納得させる。ところで読者の側のそういう得心が『白鯨』全体の読みを、ひいてはそのフィクションとしての質を、微妙に決定づけないはずがない。なるほど作品を書くのは作者であるけれども、それを読むのは読者であり、

読むとは織物としてのテキストを解きほぐし織りなおす仕事にほかならず、そのさい読者にとってのテキストは解きほぐし織りなおされたほうのテキストなのだから。それゆえ、語り手イシュメールというテキストそのものの解きほぐしから始めるのが順序だろう。

イシュメールという名の由来そのものについては、いまさら多言を要しまい。アブラハムが侍女ハガルに生ませ、正妻サライにイサクが生まれるにおよび、遺産相続権を絶たれ、母とともに荒野に追放され、「彼は野驢馬の如き人とならん。その手はすべての人に敵し、すべての人の手はこれに敵すべし。彼はすべての兄弟の東に住まん」（『創世記』一六・一二）というエホバの使いの預言がその身に成就する男子イシマエルにその名は由来する。ところで、わがイシュメールはどうか。この「本世紀における福音書」において旧約聖書の預言は成就するか。なるほど彼は本書の冒頭で他人の帽子を叩き落としたくなる衝動に襲われる。しかし、クィークェグと「心の友」になると「私のそそけだつ心も狂おしい手も、もはや豺狼（さいろう）の世に反逆するのをやめる」（一〇）のである。それどころか「愛しきひとの手を絞り」（九四）と題する章では、鯨脳から抹香（スパーム）を絞る作業中、彼はえもいわれぬエロチックな恍惚感とホモセクシュアルな友愛の情に心しびれて、仕事仲間の手を絞り、こう陶然と呼びかけるありさま――「ああ、わが愛する同胞（ともがら）よ、なにゆえにいつまでも社会に怨恨を抱いたり、むやみに不機嫌になったり妬んだりすることがあろうか！　いざ、もろびとこぞりて手を絞ろう！　いや、もろびとこぞりておたがいを絞りあい、乳（ミルク）のごとく抹香（スパーム）のごとき友愛の中に溶けこもうではないか」と。これはもう完全にイシュメール自身によるイシュメリズムの否定であ

る。名は体を成就しないわけだ。この点からも、『白鯨』は「神が隠れたもうた」現代における福音書においては必然であるところの反予表的（アンチ・タイポロジカル）な『福音書』であると言える。

『白鯨』における「イシュメール」なる名については、また別の観点からする奇異な点がある。それはたった一度を例外に、作中人物の誰もがその名を名乗る語り手をその名で呼びかけないことだ。「心の友」であるクィークェグでさえ、たったの一度もそうしない。その他のピークォド号の連中は船長や運転士からピップにいたるまでおたがいに名や姓で呼びあっているのに、誰もがこの語り手のことだけは「イシュメール」とは呼ばないのだ。しかもたった一度の例外にしても、語り手が乗船契約をするとき、船主のピーレグが「さて若いの、イシュメールちゅう名前だったな」（一六）と名を確認するときに起こるだけである。ところがこの変り者の船主はクィークェグ（Queequeg）のことを Quohog（蛤）と呼びちがえ、あまつさえその名で乗船契約をさせるほどの御仁だから、上船理由を問えば「ぼくは鯨とりがどんなものだか知りたくなったのです。それから世界が知りたくなったのです」（一六）とだけ答える放浪性ありげな若者の名をわざとそう聞きちがえ、わざとそう呼びちがえた可能性は大いにある。それにイシュメールないしイシマエルという名は親からもらった名としては、ことに十九世紀のアメリカの場合、ユダとかカインとかという名におとらぬほど異常である。なるほど、その意味でなら、エイハブという名も奇異だ。だが旧約（『列王紀略上』一六・三三）に出てくる不逞不遜な偶像崇拝者の名を持つ船長については、「船長は自分で名前をつけたのではない。満一つになったときに死んだきちがいじみた寡婦のお袋が、無学者のたわけた

気紛れでつけたのだ」(一六)という解説がちゃんとつく。が、この語り手の名についてはその種の断わりはいっさいない。それに Ishmael なる語は『白鯨』全体をとおして二十回しか出てこない。しかもこの名称はピーレグに呼ばれるときが一度と、自分自身をそう呼ぶときの一度をのぞいて、すべて地の文に出てくる。これは一人称が語り手である小説にしても奇妙な現象だ。このことから、またこの名がテキストに出てくるすべてのケースを詳細に検討した結果からも、「イシュメール」なる名は『白鯨』の語り手の当初からの名ではなく、メルヴィルが執筆の途中で思いつき、あとで挿入した可能性が大いにある。そのことについてはすでに論じたことがある(八木敏雄「イシュメールはイシュメールか」『英文学研究』、一九七七年英文号〕参照)ので、ここでそれを全面的に蒸し返すつもりはない。だが本書のコンテキストにおいて、部分的に再説させていただく。

『白鯨』の冒頭のセンテンスは誰もが知っている。ところで第二のセンテンスについてはどうか。原文をひもといていただきたい。そうしていただけることを前提に、次にその冒頭一節の一部の日本語訳を掲げ、議論を先にすすめさせていただく。

私をイシュメールと呼んでもらおう。何年かまえ——正確にいつだったかは問わぬとしよう——私の財布はほとんど空になり、陸地にはこれという面白いこともないので、しばらく船に乗って海の世界を見てこようと思った。私にとっては、それが憂鬱を払い、血行を整える方法だ。

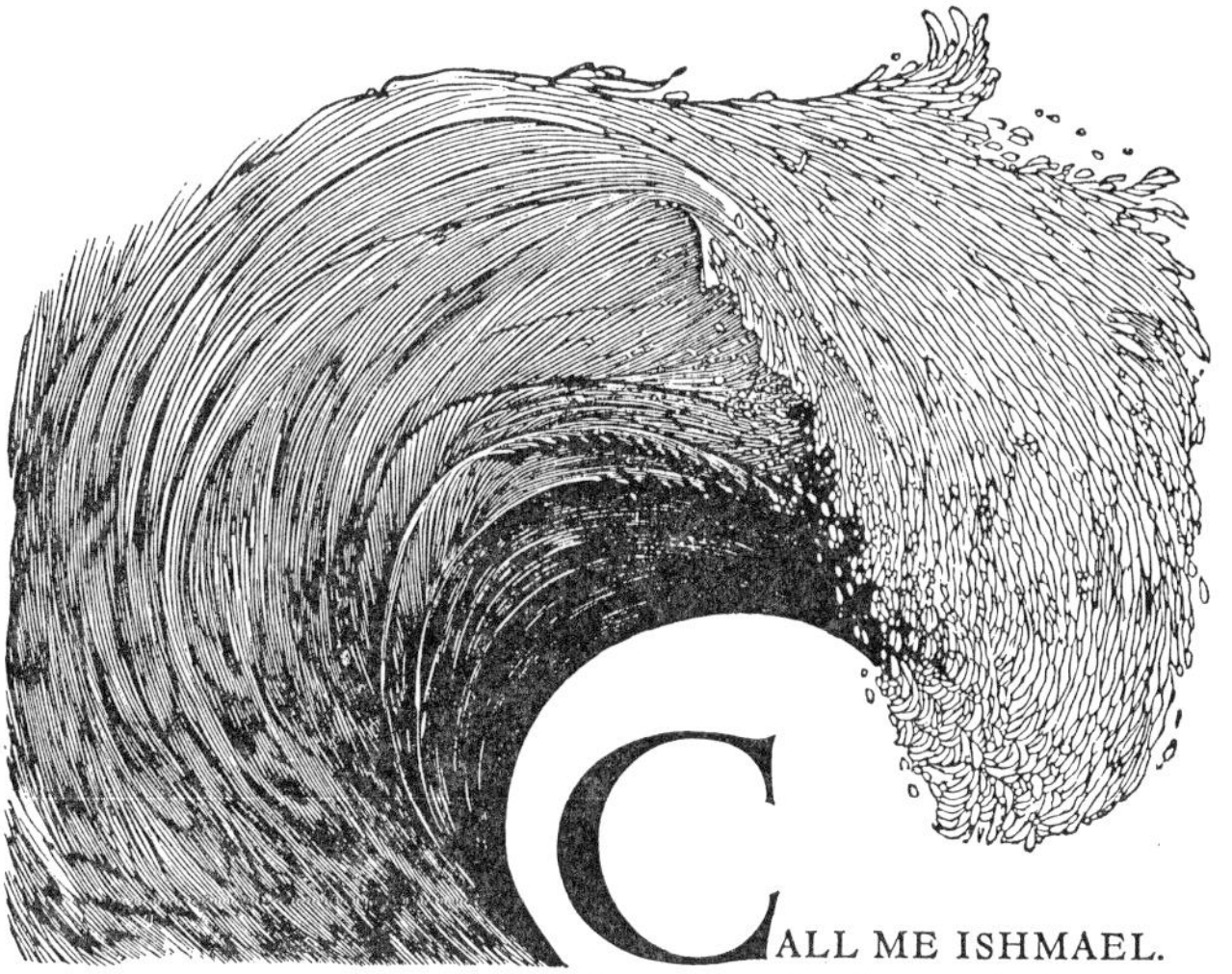

CALL ME ISHMAEL. Some years ago—never mind how long precisely—having little or no money in my purse, and nothing particular to interest me on shore, I thought I would sail about a little and see the watery part of the world. It is a way I have of driving off the spleen, and regulating the circulation. Whenever I find myself growing grim about the mouth;

『白鯨』冒頭

この日本文を見ても、また原文を眺めても、第一と第二のセンテンスのあいだにかすかな裂け目、いわば斜線が見えてこないか。このさい斜線とは、二者を結びつけず、かといって分断するのでもなく、二者をばらばらのまま統合するユニークな符号のこと。センテンスとしての文もまたテキストだが、この『白鯨』冒頭では第一と第二のセンテンスはコンテキストというより、コン／テキストを形成しているのだ。

ところで物語の始まり方に絶対的な規準などない。論理的には、どういうふうにどう始めよ

うとかまわないわけで、だから『白鯨』冒頭も第一の文ではなく、第二の文で始まっていてもよかったのである。しかし、だからといって、物語を書き出すこと、それを出発進行させることまでが簡単、ということには少しもならない。むしろ逆で、だからどんな作家も書き出しには苦労する。物語の出だしの本質的な恣意性に由来するこういう語り出しの困難さを緩和し軽減するために、いわゆる物語やお伽噺には一種の定式・定型があるのだろう――『源氏物語』の「いずれのおんときにか……」、『伊勢物語』の「むかし男ありけり……」、『今昔物語』の「いまはむかし……」、お伽噺の「むかし、むかし……」や "Once upon a time" などの。すると『白鯨』の第二の文「何年かまえ――正確にいつだったかは問わぬとしよう――私の財布は……」もこのヴァリエイションのひとつで、これこそ物語の出だしとしてふさわしいとも言えるし、すくなくとも、この文はそのまえに別の文がくることを本質的には忌諱し排除しているように思われる。つまり第一、第二の文の間に微妙な裂け目、ないし眼に見えない斜線（／）が存在するというわけだ。

この裂け目／斜線の通時的な意義、あるいはそれが通時的に示唆することは、作者メルヴィルが現在の冒頭の一文を現在の第二文が先頭にあった原テキストに付加した可能性、ないしその痕跡ではないか。その共時態としての意義、あるいはそれが共時的に示唆することは、それがなんらかの意味での切れ目というよりは継ぎ目、あるいは一種の吸入口であることではないか。私はいまメビウスの帯の立方体といってよいクラインの壺のことを思い描いているのである。クラインの壺とは、自転車のチューブのような円筒形の両端をつなげばできるのだが、そのさい一回自分自身の胴

体を突き抜けてからつなぐのである(図参照)。メビウスの帯は、表をなぞっているうちに裏にまわってしまい、また表に出てくるという曲面であるように、クラインの壺も、表からはいったと思うと裏に出てしまい、また表に出てくるという無限に循環する曲面を有する。ところで、このクラインの壺の自分自身を突き抜けるための裂け目、自分自身を吸入するための吸入口——それが『白鯨』の第一と第二の文のあいだに存在する裂け目/斜線にアナロジカルに相当するのではないかというのが私の思いである。そしてそこにマグマのような流体となって吸入され、滑り込んでくるのは「抜粋」「語源」「エピローグ」を先頭とする『白鯨』それ自体であるが、吸入され、滑り込んでいくぶんだけ、また「エピローグ」「語源」「抜粋」という順序で補充されていくので決して消尽することのない全体である。それが『白鯨』だ。が、メビウスの帯にせよクラインの壺にせよ、もともと三次元空間ではとても表現できない図形であり、それを想定している私自身がくらくらしているわけである。だから、以上は『白鯨』のウロボロス性の別種の記述だと理解していただきたい。

ところで、また「イシュメール」の問題に戻りたい。イシュメールについて曖昧かつ不可解なのは、なにも名やテキスト的素性だけではない。その身体的特徴についてはまったくわからず、その生い立ちについてもほとんどわからない。その容貌、背丈、髪や眼の色、恰幅……その他いっさい不明なのである。書いてないからである。生まれや育ちについてわかることといえば、どうやらイシュメールは継母に育てられたらしいこと、それに家の宗旨が長老会派だったらしいことぐらいだ。前者については、クィークェグと同衾してその腕の重みで目がさめたとき、彼が継母に折檻さ

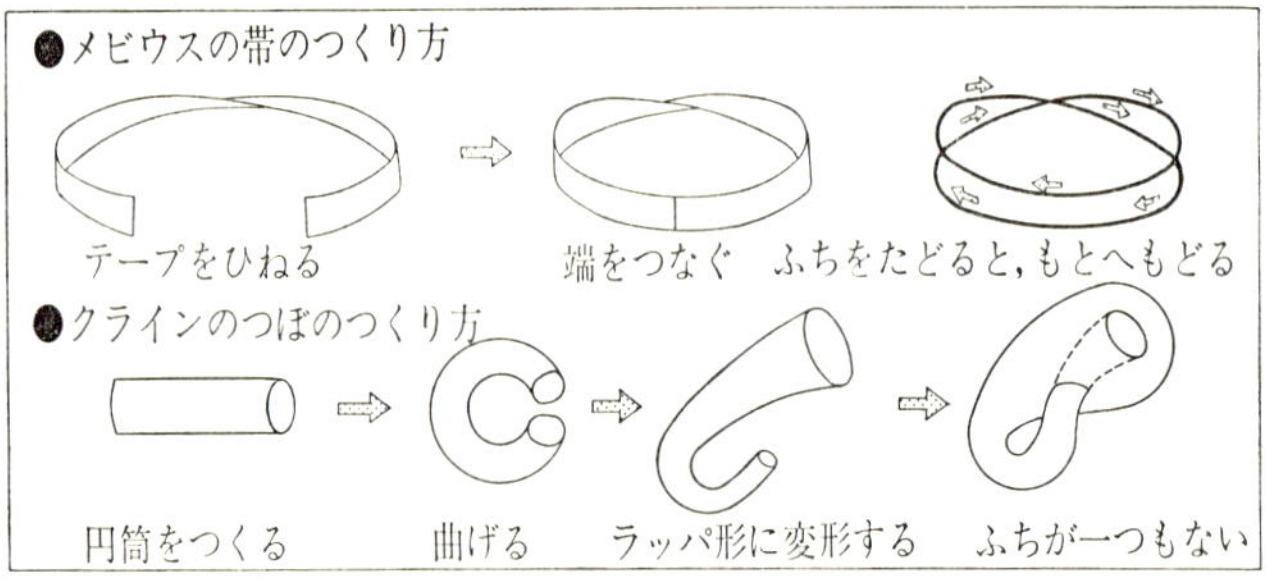

れて食事抜きで昼間から寝床に押しこめられて「手」の悪夢にうなされたことを思い出すくだりからわかる。だが、そのことを語り手は「現実であったか夢であったか判然としない」(四)と言うのだから、それもあまり当てにはならない。宗旨については、私は「不可謬なる長老会派の懐に生まれ育った純正なるキリスト教徒だ」(一〇)とあることから判明する。しかし、わざわざこういう見栄が切られるコンテキストが奇妙なのである。クィークェグがヨージョと称する木像を拝んでいる。そのさまを見てイシュメールはこう考える――「してみれば、どうしてこの野蛮な偶像礼拝者とともに一片の木ぎれを拝むことができようか。だが、拝むとは何か……神の御意(みこころ)をなすこと――それが拝むことだ。さて神の御意とは何か――隣人に対して、おのれが彼にしてもらいたいようにすること――それが神の御意だ。さてクィークェグはわが隣人である。おれはこのクィークェグにどんなことがしてほしいか。むろん、おれとともども、ほかならぬ長老派の礼拝をやってくれることだ。つまりしたがって、おれも彼と礼拝をともにすべきである。このゆえをもって、おれは偶像礼拝者にならねばならぬ」(一〇)と。これはキリストの山上の垂訓の一節「すべて人にせられん

と思ふことは、人にもまたその如くせよ」（『マタイ伝』七・一二）というキリスト教の「黄金律」を逆手にとって、さらに至上のモーセの十戒第一条「偶像を拝むことなかれ」をキリスト教の教義にしたがって犯すためのおそるべき三段論法で、おそらく『白鯨』でいちばん冒瀆的なくだりだろう。が、ともあれ、以上がイシュメールの育ちについて知りうるすべてである。その経歴については、一〇二章を読むと、彼は「何年かまえ」ソロモン群島に属するらしい「地図にはない」トランク島の王に招かれ、その島の化石鯨を見学したことになっているが（つまり以前にも南太平洋を放浪したことになっているが）、それはこの章につづく二章で鯨の骨格の寸法について鯨学的記述をするための方便にすぎず、信用するにあたらない。

このように語り手の『白鯨』に至るまでの来歴はほとんど書かれていない。書かれていても韜晦されている。だが他の作中人物についてはそうではないのである。彼らの素性や身体的特徴については、その重要さに応じて、あるいは詳細に、あるいは簡潔に紹介されている。エイハブについては身体的特徴はもとより、その出身地、名の由来、船乗りとしての経歴、家族関係までが詳しく述べられている。クィークェグには「生い立ち」と題する特別の一章までが当てがわれていて、彼が太平洋の西南の海に浮かぶ島の酋長の息子で、文明世界に修学に来ていることがわかる——ただしその島は「どんな地図にもない。真の場所はつねに地図にはない」（一二）とはぐらかされるが。その他スターバック、スタッブ、フラスクなどの高級船員はむろんのこと、船大工や黒人少年ピップの前歴や出身地もわかる。それだのに端役どころではないイシュメールの出身地はおろか、どこの

馬の骨ともわからないのは怪しむにたる。継母への言及はある。しかし父親への言及は一言隻句もない。

　要するにイシュメールは、事実上も比喩的にも、『白鯨』というテキストの外にはその存在の根拠をほとんどまったく持たないのであって、この点、他の登場人物たちとはきわだって異質である。イシュメールを除いて、その他の人物はみなこの『白鯨』という他界に外から、現実の世界から入ってくる仕組になっている——エイハブが他の四人の「黄色い」連中とともに船倉にかくまって連れてくる拝火教徒フェダラーにせよ、「六フィート五インチ」という体軀に「漆黒」の肌した黒人ダグーにせよ、スタッブの銛手である「マーサの葡萄島（ヴィニヤード）」は「ゲイ岬」出身の「長く漆黒の頭髪、高くとがった頬骨、そして黒く円い眼」（二七）をしたアメリカ・インディアンのタシュテゴにせよ、みなこのフィクションの世界に現実の世界のどこかからやって来た連中だ。イシュメールを除けば、純粋にこのテキスト内にしかいないもの、そのエクリチュールの海でしか泳がないもの、それはモービィ・ディックだけである。モーリス・ブランショはその『来るべき書物』で「エイハブがモービィ・ディックと出会うのは、メルヴィルの本のなかでのことにすぎぬというのは、確かに本当だったが、この出会いだけがメルヴィルにあの本を書くことを許したというのも、確かに本当なのだ」（現代思潮社、一九六八）と書いているが、なるほどそれは本当だろう。しかし両者の出会いを仲介するのは、厳密には、メルヴィル自身ではなく、イシュメールという語り手であることもまた本当なのである。むろん作者と語り手の関係はそう截然と区別できるものではなく、そう簡単な問

題でないことは、もしメルヴィル自身に捕鯨船体験がなかったら『白鯨』が書かれていたか否かを想像してみるだけで得心がいこうが、ことに『白鯨』という小説の場合、メルヴィルには生身の自己と語り手とをなるたけ複雑にしておきたい創作上の理由があったにちがいない。

処女作『タイピー』(一八四六)の語り手トンモは、南太平洋の小島で人喰い人種と生活をともにして文明世界に生還した若者という設定で、その体験はハーマン・メルヴィルのそれとほぼ重なり、しかもノン・フィクションという売り込みなのだから、語り手に韜晦の身振りはない。『白鯨』の語り手イシュメールのように、自分のテキストの中にクラインの壺さながらにもぐり込むような芸当をする必要はさらにないわけだ。トンモ＝ハーマンという等式の成否に、この小説の成否の鍵があった。『オムー』(一八四七)も同じ仕掛けの小説だ。『マーディ』(一八四九)は、最初こそ一介の水夫が語り手で、先行する二篇の小説と同工異曲の作品だと思われるが、途中でその水夫が架空の海の架空の諸島マーディの神タジーを名乗り、幻想的島めぐりを開始すると、もう語りの主体だの視点的人物だのを問題にしてもはじまらないような途方もないフィクションになってしまい、最後には「かくして追う者と追われる者は、終りなき海を疾走しつづけた。完」などとみずから語りつつ、みずからをテキストの外に追放して終りなき終りを終らせるという趣である。これでは読者の猜疑心をそそらずにいないが、『白鯨』とくらべてみれば、それだけ語り口の手がこみ複雑というのでもない。行って戻らぬ鉄砲だまの感がある。『レッドバーン』(一八四九)、『白いジャケット』(一八五〇)は、ともに作者の体験を大筋のところで下敷きにした一人称小説であるが、そのナレ

イションに格別の手管やひねりが加えられているわけではない。語り手のテキスト内・外での素性もきわめてはっきりしている。こうみてくると『白鯨』の語りがいかに錯綜しているか、その語り手の身元がいかに韜晦されているかが判然とするだろう。が、むろん、そういうことのすべてが『白鯨』を世界の大小説に仕上げるのに寄与しているところが肝心なのである。ちなみにまた、次の作品『ピエール』(一九五二)の語りが完全な第三人称のそれになっていることにも留意すべきかもしれない。語りという観点からみるとき、『白鯨』は一人称から三人称の語りへの過渡的発展段階、わたりの形態とみなされなくもないからである。

ここで視点を大きく変え、しかしいましばらく同じ問題にかかずらわってみよう。一八五〇年の夏、『白鯨』執筆中のメルヴィルは「ヴァーモントにて七月を過ごす某ヴァージニア人」なる匿名でナサニエル・ホーソーンの短篇集『古い牧師館からの苔』の書評というかたちでホーソーンを高揚した調子で賛美し、同時に自己の芸術観を吐露する重要な一文を発表している。これを参照しない手はあるまい。

あらゆるすぐれた本は父親も母親もいない孤児でありたいものだ。そうなれば表向きの作者など抜きにして本だけを賛美できる……すぐれた本の扉に記すべき正しい名が何であるかを私は知らぬが、あらゆるすぐれた作者の名は架空の名である、という感じを私は抱いている……そういう感じはいかにも空想的であるように思われるかもしれないが、にもかかわらず、いかなる偉大

な作家も直接に会ってみると読者の理想を裏切るという事実は、そういう思いにいくらか根拠を提供してはいないか。(「ホーソーンとその苔」、『文学世界(リテラリ・ワールド)』、八月十七・二四日号)

「すぐれた作者の名は架空の(fictitious)名」という主張は、このままではいかにも唐突でわかりにくかろうが、この文章でメルヴィルは「虚偽の世界」(現実)に住む生身の作者と「魔術の世界」(フィクション)を創造する作者をはっきりと区別し、作家は、後者において架空の人物の口を通じてしか「真実」を語りえないと断定しているのである。そのみごとな事例が「エイヴォンのウィリアム」や「セイレムのナサニエル」なのである。もうすこし文脈をおぎなっておこう。

シェイクスピアの、そういう深く遼遠なるもの、時おりひらめき出ずる直観的「真理」、現実の核心そのものをずばり寸言を以て一瞬のうちに突き刺す手練——そういうものがシェイクスピアをしてシェイクスピアたらしめているのである。ハムレット、タイモン、リア、イアゴーなどの暗い人物の口を借りて、もしふつうの善良な人間が生身で口にしたり、ほのめかしたりしようものなら狂気の沙汰としか思われないような恐るべき真実をシェイクスピアは語り、ときにほのめかすのである。絶望の果てに、狂気のリアは仮面を破りすて、根元的真理の正気な狂気(**the sane madness of vital truth**)を語る。しかし、すでに述べたように、世の賞賛を博しているのは、この天才のいちばんつまらない部分である……数知れぬ注釈家や批評家のうち、この偉大な

る精神の直接の産物がさほど偉大なものではないことを……思い出したり、気づいたりしている者はまずいないように思われる。シェイクスピアの墓にこそ、シェイクスピアが書いたものより無限に多くのものが埋もれているのだ。私がシェイクスピアを称賛するとしても、それは彼がなしたところのことに対してというより、彼がなさなかったこと、あるいはなすのを控えたことに対してなのである。なぜなら、この虚偽の世界においては、「真理」は森の聖なる白い雌鹿のように逃げ去ることを余儀なくされるからである。シェイクスピアやその他の「真理を語る大いなる芸」(the great Art of Telling the Truth) の巨匠たちの鋭い一瞥に対してしか「真理」はその姿を見せないのである。

妥当に設定された虚構の世界において、しかも架空の人物の口を借りてしか作家は「真理」を語りえない。いや、そういうフィクションの世界を構築し、そういう架空の人物ないし語り手を創造する者こそが作家なのである。それがメルヴィルの作家的信念だったとおぼしい。『白鯨』の手のこんだ虚構性、語り手の匿名性、不在性、正体不明性などは、すべて以上の文脈において理解されなければなるまい。別言すれば、われわれは『白鯨』に徹頭徹尾フィクションとして接近し、それとして加担し、それとして理解しなければならないのである。そうしてはじめて、われわれの読みをメルヴィルと共有し、かつそれをメルヴィルに送り届けることができるのである。ところで、この送り届けるということが大切なのである。もしそうでなければ、われわれはメルヴィルとまったた

く関係のないことを読みとる危険にさらされる。フィクションのフィクション性の理解は、世界がまたフィクションであるという理解とともに、両者がまったく同じではないという認識と、共存しなければならない。「フィクションは宗教の場合と同様に、別世界を呈示すべきであるが、それはなおわれわれが結びつきを感じうる別世界でなければならない」(三三)とは『詐欺師』に見つかるメルヴィル自身の言葉である。そういう意味で、すべての偉大な作家は、偉大な詐欺師なのだろう。作家とは詐欺師の仮面をつけて真実を語る者のことなのだろう。メルヴィルはそういう作家だった。

7 物語

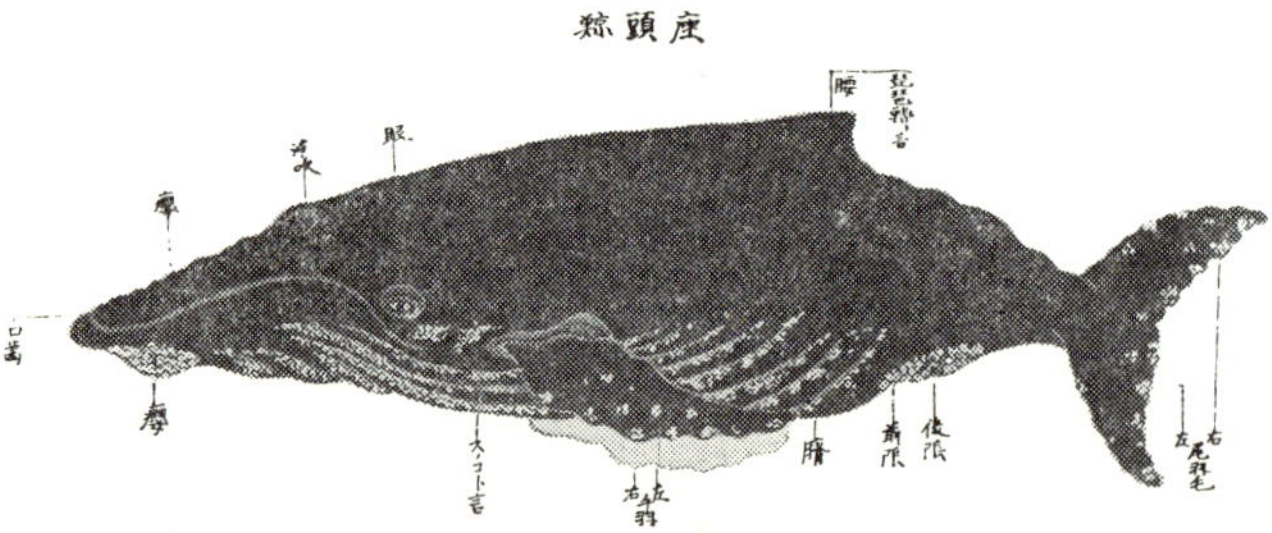

ザトウ鯨

『白鯨』から「物語」を差し引いたら、どういうことになるか。すくなくとも陸上冒険の部は消え、海上冒険の部も歯の抜けた櫛のようになることだろう。ところでこの『白鯨』解体では、その部分の検討がたまたまいちばん最後になってしまった。だから私がこれからしようとしていることは陸上の部を一括概観し、海上の部の抜けた歯を補うことである。

例の「モザイク図」(二〇頁)を眺めていただきたい。その白無地のパネル一箇が「物語」の一章を表わしているわけだが、この図を全体としていくらか眼を細めて眺めてみるなら、白地の「物語」の部が大まかにいくつかのグループにわかれて見えてくるだろう。が、そう見えてくるのは、例のルビンの図において白い部分と黒い部分のいずれに注意の焦点をおくかによって地と図が瞬時に反転し、白い盃に見えたり、二つの黒い顔が向き合って見えたりするのと同じ理屈で、たまたま「鯨学」「劇章」「出会い」の吟味を先行させた結果だろう。『白鯨』がなによりもまず物語なら、物

語の章こそ地だろう。そういう、地としての「物語」の諸章のあいだに、「鯨学」や「劇形式」の章がいくつかの群れをなしたり、なさなかったりして挿入されているので、その結果、「物語」の章がいくつかに分かれて存在するようにみえるのだろう。だが、いずれが地か図かという議論は無用だし、不毛だ。いずれか一方の解明は、同時に他方の解明にもなるのだから。それゆえ「非・物語」の諸章の検討を先にすませたわれわれは、すでに「物語」の部についてもかなり検討ずみなのである。その分だけ「物語」の検討作業が軽減されてしかるべきだが、さて実際にはどうなるか。

『白鯨』の導入部をなす最初の物語群は一章から二八章まで――あるいは二三・二四・二五章を中仕切りとみなすなら一章から二二章まで――ということになる。これ(一―二二)はイシュメールがニューヨークからニューベッドフォード経由でナンタケットにつき、そこからピークォド号に乗り組んで出港するまでの陸上での冒険の部に相当する。その筆頭にくるのが、むろん、第一章だが、ちなみに、その原題は“Loomings”である。日本語訳はそれぞれ「影見ゆ」(阿部知二)、「まぼろし」(田中西二郎)、「影やおぼろ」(坂下昇)になっていて、ウェブスター第三版の「水平線下の物の姿がゆがんだ蜃気楼となって立ちあらわれること」という語釈に対応して遺漏ないが、その英語の語根 loom には weave の意もあるので、これはその動名詞の複数形と解することもできる。そうなると、この第一章の題意は「複数の織物(テキスト)からなるもの」ということにもなり、これは発端の章にふさわしい『白鯨』全体の品質表示、テキストを織り始めるにさいして織匠メルヴィルが擬装して発したマニフェストとみられないこともない。事実この章には『白鯨』の主要テーマが出揃っ

ている。語り手が海へ行く動機を述べるとみせかけて、まず死の主題が自殺と棺桶屋への言及として提示される。自省（リフレクト）する病の隠喩としての、自我の徹底的追求者としての、自己破滅者としてのナルシサスへの言及もある（「泉に映る悩ましく優しい姿をつかむことができないがゆえに、泉に身を投じて溺れ死んだナルシサスの物語には、もっと深い意味がある。その同じ幻影を、われわれ自身があらゆる川や海に見るのだ。それこそが人生のとらえがたい幻影であり、これが一切の鍵だ」）。「瞑想と水との相性のよさ」が強調され、この小説の予定（プロット）の必然性は「私が捕鯨の旅に出ることは、ずっと昔に策定された、あの〈摂理劇（プロヴィデンス）〉の番組の一部として組みこまれていたのだ」と力説される。そして章末にはモービィ・ディックそのものの白い幻影がちらほらする。

ところでイシュメールが「古ぼけた手さげかばん（カーペット・バッグ）にシャツを一、二枚つめ、それを小脇にかかえて」実際に旅立つのは二章冒頭においてである。それはエゴだけをたずさえ、死を期しての旅立ちでもあった。「然り（イエス）と答える者は、みな嘘をついているのです。否（ノー）と答える者はみな……手さげかばん（カーペット・バッグ）一つひっさげて——つまり自我（エゴ）だけをたずさえて辺境を越え永生（エタニティ）に突入してゆくのです」（五一・四）とはメルヴィルがホーソーン宛の私信に書きつけた文句である。さて、そういう心意気の語り手はほどなくニューベッドフォードにつく。時刻はすでに夜。日は十二月のとある土曜日。ナンタケット行きの連絡船はすでに出たあと。イシュメールはこの地で二泊を余儀なくされる。それゆえこの若者は自分の軽い財布に合わせて宿屋をさがし、そこで「蛮人」クィークェグと相い部屋になり、同衾し、「結婚し」、「心の友」になる。この経緯については『白鯨』の読者なら誰しも印象

深く覚えているはずなので、これ以上の言及はいっさい省略したい。

すると一挙に七章「教会堂」にまで飛べる。この章から八章「説教壇」、九章「説教」をふくめた三章は、物語の流れという観点からすればいくらか脱線していて、陸上冒険物語のなかではいささか異質な章である。その記述も描写も、口語的というよりは文語調で、いささか高踏的でもあり、大仰でもあり、気取っているともいえる。要するに先行する章の語り口、また一〇章以降のそれとも違うということで、これらの三章も別途書き加えの章か、と思えなくもない。イシュメールをニューベッドフォードにわざわざ土曜の夕刻に到着させて当地に二泊させることにしたのも、どうしても読者をこの船乗りたちの教会堂に案内し、そこの有名なマップル神父の説教を聞かすための方便だったかもしれない。次は七章冒頭の一節。

入ってみると、船乗りか、船乗りの妻や寡婦たちの小さな会衆がまばらにいた。押し包んだような沈黙があたりを領し、ときおり嵐の叫喚がそれを破るだけだった。だまりこくった礼拝者はねんごろに一人一人はなれて坐っていた。口に出せぬ悲しみは孤絶し、たがいの交流はかなわぬというのか。牧師はまだきていなかったので、これら男女の沈黙の孤島たちはじっと坐りこんだまま、教壇の両側の壁にはめこまれている黒い縁をつけた数箇の大理石の碑面に見いっていた。イシュメールもそれに見いる。海に死んだ船乗りたちの墓碑銘である。海への船出を間近かにひ

かえたイシュメールがどんな気持で碑文を読んだか、「それはほとんど言う必要があるまい」。「そうだ、イシュメール、おまえも同じ運命かもしれないぞ」と彼は自分に語りかけさえする。しかし、そのうち「どういうわけか、また快活な気分」にさえなり、こんなことを考え始める――「そうだ、ボートに穴があけば、即刻その場で不滅の霊に昇進するわけだ。なるほど、この捕鯨って仕事は命とりだろう……しかし、それが何だ？ われわれ人間はこの〈生〉と〈死〉の問題についてひどい思いちがいをしているのかもしれない。この世でひとが私の影と称しているものが、わがまことの実体かもしれないのだ……おのれの肉体はわがよりよき実体の残滓（かす）にすぎぬのかもしれぬぞ」と。この世での影が実体、肉体が霊の残滓、これはかなり深刻な存在論的疑念であるはずだのに、そのような疑念が存外気軽にふと誰の頭にも浮かび、口をついて出てき、しかもそれが神経衰弱や狂気のしるしではなく、志の高さと感受性の卓越のあかしともなっていたときとは、西欧ロマン主義もその爛熟期を迎えていたわけである。そして十九世紀中葉のアメリカとはまさしくそういう時期であり、イシュメールもエイハブも、そういう時代精神の産物でもあったわけで、彼らをそういう文脈でとらえておく必要もあろう。が、また同時に、十九世紀アメリカが神の恣意性と絶対的主権を認めるカルヴィニズムの呪縛からも免れていなかったことも承知しておかねばなるまい。そういうことを読者に思い出させ、記憶にとどめおかせるために、メルヴィルはどうしてもこの正統カルヴィニズムの教義に深くかかわる三章を『白鯨』のこの段階に挿入しておく必要をおぼえたのだろう。メルヴィル自身、母方の宗派であるカルヴィニズム色の強いオランダ改革派教会の薫陶

を受けて育ったのだ。自己の過去や経歴をなんらかのかたちでテキスト化して自己の作品のどこかに織り込む、それがこの作家のほとんど生理的な癖だったことは再三のべた。

ところでマップル神父の「説教」のテキストは『ヨナ書』である。ヨナは神の命に背いて船で海に逃げるが、神がつかわした鯨に呑まれ、その腹のなかに三日三晩いて悔いあらため、ために赦されて「陸に吐出」されて生還する。『ヨナ書』とはそのような説話を骨子とする聖書ではいちばん短い「書」である。マップル神父は、その「さてエホバすでに大なる魚を備えおきてヨナを呑ましめたまへり」(二・一七)を引き、説教を始める。

「ヨナの書が教える教訓とはいったいなになのか? 同船の衆よ、それは二重のより糸からできている教訓じゃ。まずは罪人としてのわれわれ人間すべてに対する教訓、そしてもうひとつは生ける神の水先案内としての私に対する教訓。罪人ということになれば、人間みんなそうじゃから、われら一同に対する教訓ということになる。なんとなれば、罪、かたくなな心、にわかにめざめる恐怖、すみやかなる罰、悔恨、祈り、そして最後にヨナの救いと歓びという話だからじゃ。なべての罪深い人の子のように、このアミタイの子の罪というのは、神の命令にかたくなにもしたがわなかったことだ——その命令がどんなもので、どんなふうに伝達されたかはいまは問題にすまい——とにかくヨナはそれがきつい命令だと思うた。だが、なべて神がわれわれになせと望まれることはきついものじゃ——いいかな——だから、神はわれわれを説得なさるより、命

令されることが多いのじゃ。それに神にしたがうためには、われわれは自分自身に背かねばならん。この自分自身に背くというところに、神にしたがうことのむずかしさがある。」

はじめに原罪があったがために生まれながらにして罪人である人間。そういう人間が苛酷な神の命令に服するためには、まずみずからの本性に背かねばならない。キリスト教信仰の最大の困難はそこにある。そういう要諦のマップル神父の指摘は、一見理不尽で、そのうえきわめて偏狭・固陋な人間観にもとづく命題であるようにみえよう。が、ひるがえってこれを、はじめに過剰をかかえこんだ欠陥動物としての人間の命題と重ねてみるなら、神父の指摘が神から見た欠陥存在としての苛酷な人間的現実をみごとにとらえていると認めないわけにはいくまい。ここでの「人間的現実」(human reality) とは「人間的自然」(human nature) とおき換えて差しつかえないものであるが、この人間の自然とはすでに錯乱した自然であり、不自然にほかならない。言いかえれば、人間は過剰な意味＝方向(サンス)をかかえこんでしまった反自然的な存在である。それをキリスト教プロテスタンティズムのそのまた厳格派のカルヴィニズム的観点からすれば、そしてそれを水夫やその女房たち向けに表現すれば、マップル神父の説教の右のさわりになるわけだが、エイハブがたまたま自分の片脚を嚙み切った突然変異性の白子(アルビーノ)のマッコウ鯨を鯨油にして何樽ぶんと換算できるただの鯨(スターバックはエイハブに「白鯨を仕止めて、あんたの仇討ちがうまくいったとしたならば、いったい何樽ぶんになるんですか、船長？　ナンタケットの市場じゃ大したもうけにはなりますまい」[三

六〕という）とみなすことができず、「あらゆる悪の権化」にして許しがたい仇敵とみなすのも、彼が過剰な意味に病む反自然人だからである。おそらく人間は誰しもそういう「意味という病」から免れてはいないのだ。ただ病状に程度の差があるだけだろう。スターバックにしたところで、モービィ・ディックについて、西欧キリスト教の神学体系のなかで意味を産出しているにすぎない――「物言わぬ獣に復讐を誓うなんて、エイハブ船長、冒瀆です」（三六）と。「巨鯨も一種のハツカネズミの親玉」ぐらいにしかみないフラスクにしても、文明社会の意味の尺度から自由ではありえない。その点クィークェグの意味世界は汎神論的に等価的で、それゆえこの異教徒の視点がキリスト教文明社会のヒエラルキー的価値体系をおびやかし、批判的に照射することにもなるのである。

九章「説教」の次には一〇章「心の友」がくる。この章でイシュメールが「教会堂」から戻ってみると、クィークェグは一心不乱に偶像を拝んでいる。それが一段落し、タバコを交わそうということになり、二人はこもごもパイプをふかし、クィークェグはイシュメールのためなら死もまた辞さじ、と友愛を誓う。そしてそのあかしに有り金を二等分して惜しげもなくイシュメールに与えてしまう。このキリスト教徒よりなおキリスト教的兄弟愛の発露にほだされてか、イシュメールはキリスト教の「黄金律」を逆手にとって、立派なキリスト者になるためには「偶像崇拝者にならねばならぬ」というパラドキシカルな結論に達して恬淡としている。これは無類におかしい。イシュメールが「およそこの世のあらゆる価値が価値たりうるのは比較によってのみである。何ものもそれ自体では存在しえない」（一一）という自在で相対的な考え方の持ち主だったからである。そしてこ

のことは宗教にかぎったことではない。あらゆる人間の事象についてそうなのである。イシュメールは先駆的な文化人類学者でもあったのだ。文化人類学者にとって、すべての文化的事象は緯度の問題であり、相対的である。クィークェグの素性と履歴を述べる一二章「生い立ち」でも、この相対主義的記述態度は貫かれ、一三章「手押し車」に受けつがれる。ここでクィークェグはこんな話をする。彼が「文明社会」に最初にきたとき、手押し車の使い方を知らず、その車に荷物を乗せ、車ごと肩にかついで町を歩いたところ、みんなに笑われた、というのだ。そして、ついでに、自分の故郷の「地図にはない」南海の島で、白人の船長が婚礼の席に招かれたとき、飲むためのヤシの汁をたたえた鉢を手洗い鉢とまちがえて手を洗ったので、島の連中が抱腹絶倒した、という話をする。それから二人は定期船に乗ってナンタケットに渡る。その途中、クィークェグをなにかと侮蔑した若僧が海に落ちるという事故が起こる。するとクィークェグはすかさず海に飛びこみ、若者を救う。「どの経度に行っても、世の中は持ちつ持たれつの寄り合い世帯だ。われわれ人喰い人種はクリスチャンを助けてやらねばならぬ」とつぶやいているようだ、というのがイシュメールの感想である。

こういう異教徒とキリスト教徒の珍妙なコンビは一四章でナンタケットにつき、いよいよ乗組む船を選定する運びになる。しかしクィークェグは守り神ヨージョのお告げだと称して、「船」(一六)選びはイシュメールに一任し、自分は「ラマダン」(一七)に入る。その間にイシュメールはピークォド号を選び、三百分の一というささやかな配当で上船契約をする。そして断食明け(ラマダン)の翌日、クィー

クェグも同じ船に九十分の一という配当で契約。クィークェグは鯨とりとしてはイシュメールの三倍以上の価値があるというわけだ。そしてようやくクリスマスの日に、ピークォド号は「運命のごとく盲目に、大西洋へと突きすすんでいった」(二二)のだ。

こうして船が海に乗り出すとほどなく、語り手は舵のまえに立つバルキントンを目撃する。二三章「風下の岸」においてだ。が、われわれにとって、これが彼の見おさめになる。「この六インチほどの短章はバルキントンへの墓石なき墓標である。」この章の奇妙さについてはすでに本書の冒頭で言及したとおりだが、しかし次なる二四章「弁護」も風変りな章である。クィークェグとイシュメールがこれから参加しようとしている捕鯨の名誉のために弁ずる趣向の章ではあるが、ここで物語は完全に停滞し、そのあとには「あとがき」(二五)と題する断章がつく。一三五章プラス「エピローグ」からなる小説の第二五章目に「あとがき」がくるとは珍しい。冒頭の物語群がいちおう二二章で終わり、その締めくくりとして「あとがき」なる章がくるとみなすなら、それなりに筋がとおるが、これらの三章が物語の進行をせき止めて、二六・二七・二八章という劇章へのつなぎの章を準備する緩衝として機能していることを別にすれば、なにもさほど無理をしてまで筋をとおし、また「弁護」しなければならないほどの章でもない。

四一章から五三章までが第二の物語群を形成する。その中にはアルバトロス号との「出会い」(五二)の章を含むが、それは五四章「タウン・ホー号の物語」のような物語内物語ないし物語外物語ではなく、物語群の一員とみなしうるので、群からはじき出す必要もない。そして四一章と四二章

はそれぞれ高名な「モービィ・ディック」と「鯨の白さ」。前者はエイハブにとっての、後者はイシュメールにとっての白鯨の意味を陳ずる章であり、エイハブは白鯨を象徴として、イシュメールはそれを記号として追求する、という議論はすでにした。

ところで語り手イシュメールは、さながら鯨がしばし海面下に姿を消してから潮を吹くために再浮上してくるように、三五章で語りの表面下に姿を没し、劇章間をくぐり抜け、この四一章の冒頭にようやく再浮上してきて名乗りをあげるのである。

この私、イシュメールも、あの乗組みの一人だった。私の叫びは彼らの叫びとともに立ちのぼり、私の呪いは彼らの呪いと溶け合った。そして心中の恐怖のために、私は誰よりも大声で叫び、誰よりも矢つぎばやに呪いの言葉を口にした。狂暴な、わけのわからぬ共感が身内に湧いてきて、エイハブの怨念は私の怨念であるかのように思えるのだった。そして一同とともに打倒と復讐を誓った兇悪な怪物の歴史を、私は耳をそば立てて聞いた。

「あの乗組み」とは、むろん、三六章「後甲板」でエイハブの演説に酔いしれて歓呼の叫びをあげた者たちのことである。イシュメールはその一人だったというわけだが、ここでわざわざそう断わらねばならぬほど、先行する劇章での語り手の所在は不明なのである。

ある者たちの信ずるところによれば「モービィ・ディックは遍在する」(四一)そうだが、語り手

イシュメールについてもそう信じておいたほうが無難かもしれない。

四四章「海図」ではピークォド号の航路が大幅に変更する。南米南端のホーン岬まわりだったはずがアフリカ南端の喜望峰まわりインド洋経由で太平洋に出ることになる。それにしても、そんなことがわかるのは「もし誰かがエイハブ船長について船長室に入っていったなら」なのだ。そして四五章「宣誓供述書」は『白鯨』における鯨および捕鯨に関する記述の信憑性について誓って供述する主旨の章であり、四六章「憶測」は「モービィ・ディックにかかわるエイハブの微妙な狂気」について忖度する断章である。前章(四二)でエイハブは捕鯨の名目のもとに復讐の航海に出る船長としての自己診断として「わしの手段は正気(セーン)であるが、わしの動機と目的は狂気(マッド)である」と述べているが、この章は大筋においてそういう臆断にもとづく憶測からなる。じじつエイハブは通常の捕鯨業務の遂行についてはきわめて有能な指揮者であり船長である。エイハブはモービィ・ディックを仕止めることを究極の目的とし、そのためにはあらゆることを犠牲に供することも辞さぬほどのモノマニアだが、捕鯨が第二の天性になってしまったせいもあってか、途次の副産物として他の鯨を仕止めることまで拒みはしない。いや、むしろ逆だ。語り手は「崇高な騎士道精神に燃えたいにしえの十字軍ですら、聖墳をめざして闘いすすむうちには、やはり途中で強盗、掏摸(すり)、その他のありがたい利益なしでは満足しなかったではないか」(四六)といささか不敬なコメントまで付しているほどである。それかあらぬか、とある薄曇りの蒸し暑い昼下がり、語り手とクィークェグが「索(なわ)畳(だたみ)づくり」(四七)という水夫の日常業務の一つに従事しているとき、タシュテゴの「鯨だ!」とい

う叫びがあがると、たちまちピークォド号の本航海における「最初の追跡」(四八)が始まる。四艘のボートが下ろされ、それぞれエイハブ、スターバック、スタッブ、フラスクが指揮する。エイハブのボートに乗組んでいるのは、それまで他の乗組みたちが目撃したことがない異形の者たちで、エイハブが輩下としてひそかに連れてきた拝火教徒フェダラーを頭とするオリエンタルズだった。たちまち勇壮活潑な追跡戦が展開するが、その日の戦果はゼロ。そのうえイシュメールとクィークエグが乗るスターバックのボートは母船から離れて霧深い夜の洋上を漂流する。目印に灯をともしたカンテラをつけた竿を捧げ持つのはクィークエグだ――「かくして彼は、絶望のさなかに、希望なき希望をかかげる信仰なき人間の符牒(サイン)ないし象徴(シンボル)として坐していた」。翌朝、このボートは霧の中からぬっと出現した母船に衝突されて沈没し、みんなは海に投げ出される。

われわれが人生と呼ぶところの、この珍妙な雑事においては、時として人は宇宙全体を一つの冗談と観ずる時期だとか局面とかがあるものだ。もっとも、そのどこが面白いのかは皆目わからないくせに、その冗談の的(まと)になっているのは他ならぬ自分だと思い込んでしまうのである。しかし、だからといって落胆するわけでもなく、文句をならべるわけでもない。彼はあらゆる事件、主義、信条、思想、可視不可視にかかわらずあらゆる難物、手強いものをぐいと呑みこんでしまう。……このように気楽で呑気な、楽天的でやけっぱちな哲学を生むものとしては捕鯨の危険に及ぶものはない。したがって私としても、ピークォド号の全航海、およびその目的たる大いなる

白鯨をこの精神をもって眺めるものである。

　これは四八章「最初の追跡」という大活劇のあとにくる四九章「ハイエナ」冒頭の一節だが、前章でイシュメールは漕ぎ手の一人としてその場の壮大な情況にほとんど埋没して消えていたのに、この章では語り手として眼を血走らせて再浮上してくる趣だ。が、鯨さながら、イシュメールはすぐさま語りの表面下に、あるいはその網目にもぐりこみ、五〇章「エイハブのボートとその乗組み——フェダラー」、五一章「妖しき潮煙り」、五二章「アルバトロス号」、その「出会い（ガム）」なる洋上の慣行を解説する「出会い（ガム）」と題する五三章へとすすみ、五四章「タウン・ホー号の物語」では、語り手イシュメールはいわばワープして異次元で語り始める。この自在さにこそ、この物語の語り手イシュメールの身上がある。

　セミクジラが餌にする「おきあみ（ブリット）」を題名にする五八章、マッコウ鯨が食べるという「大烏賊（スクイッド）」を題名にする五九章から——一つの「出会い（ガム）」の章と六つの「仕止め鯨学」の章をまじえて——鯨脳油を採取する作業とそれにまつわる珍事をしるす七八章「水貯めとバケツ」までは、この小説のトポスの中心部を占めるばかりか、捕鯨の理論と実際をつまびらかにしながら物語を展開するこの捕鯨物語にとっての重要な部分をも形成する。六〇章「索縄（ライン）」では銛につける索縄（ライン）が話題にされ、六一章「スタッブ、鯨を仕止む」では、看板にいつわりなく、スタッブのボートがマッコウ鯨を文字どおり「血の海」にのたうちまわらせ、「血の潮」を吹かせて斃（たお）す。そして六二章「投げ槍」は

「前章の出来事について一言（ひとこと）」と断わって当の捕鯨用具について語り、六三章「股木（クロッチ）」は「幹から枝が生え、枝からは小枝が生える。そのように、豊饒な主題から、章が生まれる」という前口上がある断章。そしてまさしくその口上のように、仕止めた豊饒なマッコウ鯨からいくつもの楽しく面白い章が派生する。まず六四章「スタッブの晩餐」。スタッブは黒人の調理人フリースに鯨の尾の身の血のしたたるようなステーキを夕食に注文しておいたのに、それが充分にレアでないのが気にいらない。さっそくコックを呼びつけ、文句を言い、難癖をつけ、からかい、あげくの果に難題をふっかける。舷側に繋留してある鯨の死体に群がって相伴にあずかっている鮫どもに、もっとクリスチャンらしく静かに行儀よく食事をするように説教せよ、というのだ。フリースは小鳥に説教した聖者のように舷側から身を乗り出して鮫たちに語りかける。

「兄弟衆（ちょーでーすー）よ、お前様方（まさまがた）の貪欲さ俺さ責ねえ。それが汝等（うぬら）の性（さが）だが、仕方（しがだ）ながべ。したども、それさ手なづけることさ、問題じゃっぺ。たすがにお前様方（まさまがた）は鮫（さめ）だべ。ところが、お前様方（まさまがた）のなかさ居（い）る鮫さ手なづけたらば、何ちゅうことない、お前様方（まさまがた）は天使だべ。天使ちゅうもんは、よかごと手なづけられた鮫なんじゃっぺ。」

まあこんなふうに語りかけるのだが、語り口こそちがえ、この黒人コックの説教の、鮫になぞらえた人間の性悪説は、マップル神父の正統カルヴィニズムのそれといささかの相違もない。鯨肉の

ステーキから神学が派生したわけであり、それはまたすんなりと「美味としての鯨」（六五）なる「鯨学」につながり、それはさらに六六章「鮫退治」にもつながる。そして一夜あけると「解体」（六七）作業が始まり、その脂肪層に関する解体学的所見が述べられ（六八）、ご用済みの屍体を海に流す六九章「葬式」がとりおこなわれ、まだご用済みではない貴重な鯨脳油を蔵する頭部だけを吊り下げてピークォド号は航行をつづけ、エイハブはその「スフィンクス」（七〇）のように謎めいた頭にひとり語りかけたりする。七二章「猿綱（モンキーロープ）」は鯨の解体作業の実際を扱う趣向の章なのに、語り手のせんない性（さが）のせいにより、自分とクィークェグが「猿綱」で結ばれて滑りやすい鯨の体軀上でする「滑稽で危険な仕事」をどうしても「形而上学的にみてしまう」のだ。「私の自由意志は致命的な打撃を受けた。一方の過失または不運はなんの罪もない私をゆえなき災害と死に突き落とすことになろう。しからば、〈摂理〉にも一種の判断停止があるのではないか……だがしかし、もっと深く考えてみるに、私が置かれているこの状況はあらゆる生きとし生けるものの状況と寸分たがわぬのではないか。ただ、たいていの場合、あれやこれやの仕方で、このシャム双生児的関係を複数の他の人物と結んでいるだけのことではないか」というふうに。

七三章「スタッブとフラスク、セミ鯨を仕止めて深く思う」が「この間ずっと、マッコウ鯨の巨大な頭がピークォド号の舷側にぶら下げられていたことを記憶されたい」と書き出されていることからも推量ができるように、この章はマッコウ鯨の頭の重さで片側にかたむいているピークォド号のバランスをもう一方の側にセミ鯨の頭を吊るすことによって正そうとする章である。その形而上

学的意義についてはすでに触れた。そしてこの物語群の末尾をかざる最後の章に「水貯めとバケツ」（七八）がくる。ここでタシュテゴはマッコウ鯨の頭にうがった穴から鯨脳油を採取中に、あやまってその穴に頭から墜落し、鯨の頭そのものも海中に落ちたとき、短刀を手にしたクィークェグが海に飛びこみ、海面下でみごとな「産婆術」を発揮してタシュテゴを救出する。この逸話は、どのような読み方をするにせよ、『白鯨』の読者なら誰しも印象深く覚えているだろう。

八七章「大艦隊（グランド・アーマーダ）」から九八章「積込みと片づけ」が第四の物語群を構成する。この群に属する章の大半については言及ずみだが、まだ言及していない章で格別に面白く、かつ重要なのは九五章と九六章だろう。前者は「法衣」と題され、捕鯨船における鯨のペニスの珍しい利用法について語る。それは「ケンタッキー男の身の丈より長く、根元のところで一フィートはあり、色はクィークェグの黒檀色の偶像ヨージョさながらに漆黒である」。それを数人の水夫たちは「死んだ戦友を戦場から運ぶ」ようによろめきながら運んできて、甲板に横たえ、「大蛇の皮をはぐように、その黒い皮を円筒形にはぎ取り」、それをしっかりとひろげて日に乾し、「とんがった先のところを三フィートばかり」切り取って頭を入れるえりぐりをつくり、側面に「腕をとおす穴を二つ」切りひらき、防水性のいわばポンチョをつくる。彼らはこの黒い「法衣」に身をつつんで脂肪の塊を刻んで釜に入れる作業に精を出すのだ。ここには実におおらかな滑稽さがある。

九六章は「搾油炉」である。脂肪を油釜で煮て鯨油をつくる作業を記述・描写する章だが、事実を述べると同時に、その述べるところが何かの隠喩になっていて、また別のことを暗示する——そ

ういうメルヴィル得意の修辞の成功した事例がことのほか多い章でもある。

蛮族を積み、火炎にみたされ、死体を焼き、暗黒の闇に突入してゆくピークォド号は、さながらその偏執狂の指揮者の魂の受肉した化身であった。

ここには通常の捕鯨と製油の作業にはげむ工場としてのピークォド号と、エイハブの狂気の執念の比喩としてのピークォド号が間然とするところなく重ねあわされている。そして次の引用は、その作業中に舵手として勤務していた語り手が、一瞬眠りに落ちたのか、ふと気がつくと舵をうしろにして立ち、すんでのところで船を転覆させそうになる箇所。次はその危機的瞬間に触発されて連鎖反応的に語り手の頭に浮かぶ感慨のいくつか。

おお、人間よ、炎をあまり永く見つめることなかれ！　舵柄(ヘルム)に手をおいたまま眠ることなかれ！　羅針盤に背を向けることなかれ……すべてを気味悪く照し出す人工の火を信じることなかれ！　あすには、天然の太陽を得て、空は明るく輝くことだろう。

地球の三分の二を占める、その暗い側面である海を太陽は隠したりはしない。それだから、死すべきものたる人間が、そのうちに悲しみより歓びを多く持つならば、その人は真実ではありえな

い——たとえ真実だとしても未成熟なのだ。書物にしても然り。あらゆる人のうちもっとも真なる人が「悲しみの人」であるように、あらゆる書物のうちもっとも真実なるものはソロモンの書であり、その『伝道の書』は醇乎たる悲哀の鋼（はがね）である。

一〇六章から「エピローグ」までの三十一章はほとんどが劇章として検討ずみであり、物語として分類されてよい章はその三分の一に満たない。一〇六章「エイハブの脚」は、一〇〇章でエイハブがサミュエル・エンダービ号を訪問したさいに鯨骨の脚を破損したので新しい義足を船大工に発注することになる章で、一〇七章にはその「大工」を紹介する章がき、そして一〇八章「エイハブと大工」以下の劇章につながってゆく。この群に物語の章として印象深いものに一一〇章「棺のなかのクィークェグ」があるが、すでにいくどか触れた。おのずと触れずにはすまない『白鯨』の一章なのだ。この異教徒の銛手は死期を悟り、棺桶をつくらせ、そのなかに入り、すっかり死ぬ準備ができた「危機的な瞬間に、陸上でやり残したちょっとした仕事を思いだした」ので「死ぬのをやめた」というところが愉快だ。私もここで、思いだすのはやり残した仕事ばかりだが、これ以上書くのをやめることにする。「ああ、時間よ、体力よ、現金よ、そして忍耐よ！」（三二）

あとがき

鯨そのもののように巨大な『白鯨』についての、このささやかな本のもとになったのは、内外の学者・批評家・作家の十三篇の論文やエッセイ、それに年譜と書誌からなる大橋健三郎編『鯨とテキスト——メルヴィルの世界』(国書刊行会、一九八三年)の一篇として発表した論文「『白鯨』モザイク」である。『鯨とテキスト』そのものは、書名の壮大な響きにふさわしく、また「メルヴィルの世界」の大きさにもいくらか見合った五百数十ページにおよぶヴォリュームだが、拙論はその六十六ページ分を占めるにすぎぬイルカなみの小ぶりなものだった。この種の論文・エッセイ集の一篇としては決して小さすぎる仕事ではなかったけれど、その主題が『白鯨』となると矮小の感を否めないのだった。「巨大な本を書くためには、巨大な主題を選ばなければならない。蚤について偉大で不滅な本が書かれたためしはない」(一〇二)とは『白鯨』そのものに見出せる文句だが、そうなら私は、鯨について、蚤についてのような、小論文を書いてしまったことになる。その後、いくらか大袈裟にいえば、このことで私は日夜悩んだ。その論文の枠組みのあまりにもの狭さに、その「モザイク」のパネルのあまりにもの小ささに、白鯨が苦しみもだえ、のたうちまわるイメージにおびやかされたからだ。そこで私は、かねてから研究社選書に何か一冊

書くように求められていたことを思い出し、『「白鯨」モザイク』の枠を取り払い、それを解体し、腑分けしなおし、加えるべきところは加え、削除すべきところは削除し、それらの諸断片を新たに組み合せて——要するにメルヴィルが『白鯨』を造りあげるにさいしてしたであろうようなことの真似ごとをして——結果としては原論文を二倍以上に膨らませ、『「白鯨」解体新書』と仮題をつけて上田和夫氏のところに持ちこんだ。一九八四年九月のことである。ところが上田氏はその後、研究社を辞されたため、私の「鯨」はしばらく宙に浮いた——いや、海底に沈むかたちになったが、幸い山田浩平氏が抜かりなく浮上手続きをとって下さっていて、その間ひそかに印刷も進行し、本年七月下旬、突如としてゲラのかたちで、しかも『「白鯨」解体』というすっきりしたタイトルまでおびて、私の前にすがたを現わした。希望どおりの図版もはいっており、しかも新書版ではなく単行本だという——私はうれしかった。久しぶりの私の小さな「鯨」との再会でもあったので、校正はいつになく楽しかった。山田氏には心からお礼を申し述べたい。また『鯨とテキスト』編集の段階で『「白鯨」モザイク』の産婆役をつとめていただいた木村妙子氏にも深い謝意を表したい。さらにまた、古い日本の魅力的な鯨の絵をカットに利用する便宜をはかってくださった日本捕鯨協会(財団法人)事務局長・高山武弘氏にも厚くお礼を申しあげたい。氏は「千年の伝統を有する日本の捕鯨」を壊滅から守るべく、十九世紀中葉に捕鯨を一大産業として確立したメルヴィルの祖国アメリカを筆頭とする感傷的な「全面捕鯨禁止」の国際世論に対して理に叶った現実的な反論を展開しておられる方である。あわせて氏の健闘を祈るものである。(西暦一九八六年八月七日午後九時二十二分五十三秒)

KENKYUSHA

〈検印省略〉

『白鯨』解体

昭和 61 年 9 月 25 日 印 刷　昭和 61 年 9 月 30 日 初版発行

著 者 八 木 敏 雄
発行者 植 田 虎 雄
印刷所 研究社印刷株式会社

発行所 研究社出版株式会社

〒101
東京都千代田区神田駿河台2の9
電話 (編集) 03 (291) 1416 (代)
(営業) 03 (291) 0951 (代)
振替口座 東京 7-83761 番

ISBN 4-327-47134-8 C 3098 定価 1,800 円

人 名 索 引

実在人物にかぎった．メルヴィルを含む作家の場合，その作品はそれぞれの人名のあとに配した．ただし『白鯨』については「章別索引」を参照．

浅沼圭司　33
阿部知二　137
ウィトゲンシュタイン Ludwig Wittgenstein　18
ヴィンセント Howard P. Vincent　4, 5
エーベル Lionel Abel　80-81
エマソン Ralph Waldo Emerson　34, 112
オーデン W. H. Auden　46-48, 49, 52
大橋健三郎　71
オルソン Charles Olson　4, 5
カルヴァン John Calvin　63
カント Immanuel Kant　24
クーパー James Fenimore Cooper　120
『大草原』*The Prairie*　120
コールリッジ Samuel Taylor Coleridge　50
『老水夫行』*Ancient Mariner*　50
コンラッド Joseph Conrad　71
坂下昇　43, 73, 137
シェイクスピア William Shakespeare　6, 72, 132
『ハムレット』*Hamlet*　80
『マクベス』*Macbeth*　36, 86
柴田有　110
シャンポリオン Jean François Champollion　38
ジュネット Gérard Genette　42
ジョイス James Joyce　107
『フィネガンズ・ウェイク』*Finnegans Wake*　107
ジョーンズ Sir William Jones　38
ジョンソン Dr Samuel Johnson　110, 111
杉浦銀策　28
スコーズビー William Scoresby　43
スタイン Gertrude Stein　109
スチュアート George R. Stewart　4, 5-6
ソシュール Ferdinand de Saussure　32-33, 34
ダイキンク，エヴァート Evert Duyckinck　3, 4, 12, 111-12
ダイキンク，ジョージ George Duyckinck　4
高橋康也　110
田中西二郎　137
高山宏　41, 104
チーヴァー Henry T. Cheever　43
チェイス，オーエン Owen Chase　5, 116
チェイス，リチャード Richard

Chase　71
寺田建比古　115
ナボコフ　Vladimir Nabokov　108
ニコル　C. W. Nicol　71
西脇順三郎　27
バーク　Edmund Burke　33-34
バークリー　George Berkeley　85
バース　John Barth　72
バーバー　James Barbour　4, 6, 27
バルト　Roland Barthes　34
ハクルート　Richard Hakluyt　108
ハワード　Leon Howard　4
ビーヴァー　Harold Beaver　109, 116
ビール　Thomas Beale　43
フェダーマン　Raymond Federman　29
ブラウン　Sir Thomas Browne　112, 113
ブラックマー　Richard Palmer Blackmur　70-71
ブランショ　Maurice Blanchot　129
ヘイフォード　Harrison Hayford　4, 7-12
ベイル　Pierre Bayle　111
ベケット　Samuel Beckett　72
ベザンソン　Walter E. Bezanson　46, 48-49
ベネット　Frederick Bennett　43
ヘミングウェイ　Ernest Hemingway　58
　『老人と海』*The Old Man and the Sea*　58
ベントリー　Richard Bentley　54, 106
ポー　Edgar Allan Poe　72
　『ゴードム・ピムの物語』*The Narrative of Arthur Gordon Pym*　72
ホーソーン　Nathaniel Hawthorne　6, 11, 72, 106, 110, 115, 138
　『緋文字』*The Scarlet Letter*　72
　『古い牧師館の苔』*Mosses from an Old Manse*　131
ボルヘス　Jorge Luis Borges　72
マーク・トウェイン　Mark Twain　58
宮川淳　42
ミルフォード　Humphrey Milford　71
メルヴィル，アラン　Allan Melville　106
メルヴィル，ハーマン　Herman Melville
　『オムー』*Omoo*　51, 130
　『詐欺師』*The Confidence-Man*　ix-x, 81, 113, 134
　『鯨』（英国版『白鯨』）*The Whale*　3, 105
　『白いジャケット』*White-Jacket*　51, 55, 130
　『タイピー』*Typee*　v, 4, 51, 117, 130
　「独身者の天国と乙女の地獄」"The Paradise of Bachelors and the Tartarus of Maids"　63

『白鯨』 *Moby-Dick; or, The Whale* 「章別索引」参照
「バートルビー」"Burtleby" 57, 117
『ピエール』 *Pierre* vii-ix, 3-4, 71, 112-13, 131
『ビリー・バッド』 *Billy Budd* x, 52, 55
「ベニト・セリーノ」"Benito Cereno" 55
『マーディ』 *Mardi* vi, vii, 51, 106, 112, 117, 130
「ホーソーンとその苔」 "Hawthorne and His Mosses" 90, 131-32
『レッドバーン』 *Redburn* vi, 51, 52, 55, 130
メルロ・ポンティ Maurice Merleau-Ponty 30
ヤング James D. Young 46, 49
リンネ Carl von Linné 31
ルビン Edgar John Rubin 17
ロック John Locke 24

『白鯨』章別索引

Etymology 33, 106, 108-14, 126
Extracts 31, 106, 108, 114-17, 126
1 Loomings 5, 7, 33, 53, 109, 120, 123-126, 137-38
2 The Carpet-Bag 7, 138
3 The Spouter-Inn 7, 8, 9, 55, 116
4 The Counterpane 126-127
5 Breakfast 5
6 The Street
7 The Chapel 139-40
8 The Pulpit 139
9 The Sermon 31, 63, 139, 141-42
10 A Bosom Friend 7, 10, 121, 127-28, 143
11 Nightgown 143
12 Biographical 128, 144
13 Wheelbarrow 144
14 Nantucket 144
15 Chowder
16 The Ship 5, 9, 64, 122-23, 144
17 The Ramadan 9, 144
18 His Mark
19 The Prophet
20 All Astir
21 Going Aboard
22 Merry Christmas 5, 13, 14, 145
23 The Lee Shore 5, 8, 11, 13, 19, 20, 55-56, 137, 145
24 The Advocate 19, 20,

137, 145
25 Postscript 19, 20, 22, 137, 145
26 Knights and Squires 89, 145
27 Knights and Squires 89, 129, 145
28 Ahab 137, 145
29 Enter Ahab; To Him, Stubb 16, 68, 69, 73-76, 95-96
30 The Pipe 13, 69, 76, 78
31 Queen Mab 16, 22, 69, 77, 146
32 Cetology 2, 10, 13, 22, 29-31, 35-36, 42-43, 69, 70, 116, 154
33 The Specksynder 22, 69
34 The Cabin-Table 69
35 The Mast-Head 69, 146
36 The Quarter-Deck 15-16, 32, 37, 60-61, 69, 77-83, 142-43, 146, 150
37 Sunset 15, 69, 90
38 Dusk 15, 69, 89
39 First Night-Watch 15, 69, 90
40 Midnight, Forecastle 15, 68, 69
41 Moby Dick 14, 37, 70, 83, 110, 145-46, 147
42 The Whiteness of the Whale 13, 14, 36, 70, 145
43 Hark!
44 The Chart 14, 68, 113, 147
45 The Affidavit 41, 147
46 Surmises 147
47 The Mat-Maker 13, 41, 147
48 The First Lowering 22, 68, 148-49
49 The Hyena 13, 14-15, 28, 148-49
50 Ahab's Boat and Crew. Fedallah 149
51 The Spirit-Spout 149
52 The Albatross 47, 50-51, 145, 149
53 The Gam 17, 145, 149
54 The Town-Ho's Story 22, 47, 52-56, 145, 149
55 Of the Monstrous Pictures of Whales 22
56 Of the Less Erroneous Pictures of Whales, and the True Pictures of Whaling Scenes 22
57 Of Whales in Paint; in Teeth; in Wood; in Sheet-Iron; in Stone; in Mountains; in Stars 22
58 Brit 149
59 Squid 149
60 The Line 149
61 Stubb Kills a Whale 23, 149
62 The Dart 149-50
63 The Crotch 150
64 Stubb's Supper 23, 113, 150
65 The Whale as a Dish

23, 151
66 The Shark Massacre 151
67 Cutting In 23, 151
68 The Blanket 23, 113, 151
69 The Funeral 151
70 The Sphynx 13, 151
71 The Jeroboam's Story 47, 56–57
72 The Monkey-Rope 151
73 Stubb and Flask Kill a Right Whale and then Have a Talk over Him 24, 151
74 The Sperm Whale's Head—Contrasted View 24, 25
75 The Right Whale's Head—Contrasted View 24, 25
76 The Battering-Ram 2, 24, 25
77 The Great Heidelburgh Tun 24, 25
78 Cistern and Buckets 25–26, 38–39, 149, 152
79 The Praire 23, 38, 72, 107
80 The Nut 23
81 The Pequod Meets the Virgin 23, 47, 57–58
82 The Honor and Glory of Whaling 28, 117–18
83 Jonah Historically Regarded
84 Pitchpoling
85 The Fountain 28
86 The Tail 23, 39–40
87 The Grand Armada 26, 31, 70, 152
88 Schools and Schoolmasters 26
89 Fast-Fish and Loose-Fish 17
90 Heads or Tails
91 The Pequod Meets the Rose-Bud 26, 47, 58–59
92 Ambergris 26
93 The Castaway 94–95
94 A Squeeze of the Hand 13, 121
95 The Cassock 31, 152
96 The Try-Works 113, 152–54
97 The Lamp
98 Stowing Down and Clearing Up 152–54
99 The Doubloon 70, 83–85
100 Leg and Arm. The Pequod, of Nantucket Meets the Samuel Enderby of London 47, 59–63, 154
101 The Decanter
102 A Bower in the Arsacides 14, 23, 128
103 Measurement of the Whale's Skeleton 23, 97
104 The Fossil Whale 23, 38, 111
105 Does the Whale's Mag-

nitude Diminish?—Will He Perish? 23
106 Ahab's Leg 23, 154
107 The Carpenter 92, 154
108 Ahab and the Carpenter 68, 92, 154
109 Ahab and Starbuck in the Cabin 91
110 Queequeg in his Coffin 10, 40, 154
111 The Pacific 70
112 The Blacksmith 94
113 The Forge 16, 85, 94
114 The Gilder 86
115 The Pequod Meets the Bachelor 47, 63-64, 86
116 The Dying Whale 86
117 The Whale Watch 86
118 The Quadrant 16, 87
119 The Candles 16, 87
120 The Deck Towards the End of the First Night Watch 15, 91
121 Midnight—The Forecastle Bulwarks 15, 91
122 Midnight Aloft—Thunder and Lightning 89
123 The Musket 16, 87-88, 91
124 The Needle 16, 88
125 The Log and Line 88, 94-95
126 The Life-Buoy 12, 88
127 The Deck 59, 63, 92-93
128 The Pequod Meets the Rachel 47, 64-65
129 The Cabin 68, 70, 95-96
130 The Hat 70, 96, 97
131 The Pequod Meets the Delight 47, 65, 96, 97
132 The Symphony 61-62, 70, 96, 97-99
133 The Chase—First Day 13, 70, 96, 99
134 The Chase—Second Day 13, 96, 99-100
135 The Chase—Third Day 13, 70, 96, 100-1, 105
Epilogue 5, 96, 101, 104-8, 126, 154